地质勘查安全生产标准化丛书

湖北省安全生产科技专项资金资助

地质勘查单位安全生产标准化规范与实施

赵云胜 周兴和 曾 旺 陈占明 主编

内容简介

本书是《地质勘查安全生产标准化丛书》的一个分册，在概述安全生产标准化的基础上，从理解要点和实施要点两个方面，对《金属非金属矿产资源地质勘查单位安全生产标准化实施指南》的核心要素进行详细解读，然后进一步对地质勘查单位的安全生产标准化的建设、自评、评审与监督展开介绍，最后附上相关参考资料，以便于读者理解和使用。

本书可供地质勘查单位相关人员使用，也可供地质类相关专业人员参考。

图书在版编目(CIP)数据

地质勘查单位安全生产标准化规范与实施 / 赵云胜等主编. — 北京：气象出版社，2018.12
（地质勘查安全生产标准化丛书）
ISBN 978-7-5029-6884-7

Ⅰ.①地… Ⅱ.①赵… Ⅲ.①地质勘探-组织机构-安全生产-标准化管理-中国 Ⅳ.①F426.1-65

中国版本图书馆 CIP 数据核字(2018)第 287620 号

地质勘查单位安全生产标准化规范与实施
赵云胜　周兴和　曾　旺　陈占明　主编

出版发行：气象出版社	
地　　址：北京市海淀区中关村南大街 46 号	邮政编码：100081
电　　话：010-68407112（总编室）　010-68408042（发行部）	
网　　址：http://www.qxcbs.com	E-mail：qxcbs@cma.gov.cn
责任编辑：彭淑凡　张盼娟	终　　审：张　斌
责任校对：王丽梅	责任技编：赵相宁
封面设计：楠竹文化	
印　　刷：三河市百盛印装有限公司	
开　　本：787 mm×1092 mm　1/16	印　　张：8.25
字　　数：211 千字	
版　　次：2018 年 12 月第 1 版	印　　次：2018 年 12 月第 1 次印刷
定　　价：38.00 元	

本书如存在文字不清、漏印以及缺页、倒页、脱页等，请与本社发行部联系调换。

编委会

名誉主编：孙王勇　李建璞

主　　编：赵云胜　周兴和　曾　旺　陈占明

副 主 编：李　庆　庞奇志　谢汉辉　周兴连　鲍文国　乔友胜

编　　委（以姓氏笔画为序）：

邓孝岳　申伟明　冯子佳　朱何文　朱康明　刘　波
刘　玲　刘　勇　刘永生　刘国圣　江汉发　孙其华
孙保华　孙海轩　严宝长　李依平　杨　明　吴　军
吴永枢　余宏超　余明春　张坤岩　张所邦　张清平
陈卫星　陈斌岱　陈锡庆　林春芳　金长城　赵宏伟
钟道书　保继军　夏焰光　徐　辉　郭绪华　常　勇
彭兴武　辜　兵　谭　睿

前　言

在湖北省安全生产监督管理局的支持下,湖北省地质局和中国冶金地质总局中南局在我国率先开展了地质勘查(简称地勘)单位安全生产标准化建设,有力地促进了全局的安全生产工作。随后,福建、青海、广西等省(区)地勘单位的安全生产标准化建设也取得了显著成效。为了总结地勘单位安全生产标准化建设经验,促进全国地勘单位之间的交流,我们策划出版了本丛书。

本丛书包括五个分册:《地质勘查安全生产常用法规与标准汇编》《地质勘查安全生产管理制度与操作规程选编》《地质勘查生产安全事故应急预案选编》《地质勘查单位安全生产标准化规范与实施》《地质勘查生产安全事故案例选编》。

本丛书是集体智慧的结晶,赵云胜教授、周兴和高工、曾旺高工、陈占明高工负责丛书的整体策划,对丛书的框架与内容作了详细设计;研究生赵婧璇、李欢、郭颖、李丹阳、罗聪、黄莹、史小棒、陈杉、郭联欢参加了丛书的编写工作。湖北、青海两省地勘单位的安全干部为丛书的出版作出了不可或缺的贡献。实际上,本丛书总结的主要是湖北、青海两省地勘单位安全生产标准化建设的成果。

地球科学探索是人类永恒的主题,地质勘查与地勘安全在其中扮演了重要角色。愿本丛书的出版为地质勘查安全生产作出微薄的贡献,愿地质勘查工作者人人平安!

赵云胜
2018 年 12 月

目 录

第1章 安全生产标准化概述 ……………………………………………………（1）
    1.1 安全生产标准化基本知识 ………………………………………………（1）
    1.2 安全生产标准化各要素间的逻辑联系 …………………………………（3）
    1.3 安全生产标准化与职业健康安全管理体系 ……………………………（6）

第2章 《金属非金属矿产资源地质勘查单位安全生产标准化实施指南》
    核心要素解读 ……………………………………………………………（9）
    2.1 目标与计划 ………………………………………………………………（9）
    2.2 组织机构与责任 …………………………………………………………（10）
    2.3 法律法规、安全管理制度与档案管理 …………………………………（12）
    2.4 安全投入 …………………………………………………………………（13）
    2.5 风险管理 …………………………………………………………………（15）
    2.6 安全教育培训 ……………………………………………………………（16）
    2.7 生产设备设施 ……………………………………………………………（18）
    2.8 地质勘查作业安全 ………………………………………………………（21）
    2.9 安全检查与隐患治理 ……………………………………………………（25）
    2.10 职业健康 …………………………………………………………………（27）
    2.11 应急救援 …………………………………………………………………（29）
    2.12 事故报告、调查与处理 …………………………………………………（31）
    2.13 绩效评价与持续改进 ……………………………………………………（33）

第3章 地勘单位安全生产标准化建设 ……………………………………………（35）
    3.1 地勘单位安全生产标准化建设概述 ……………………………………（35）
    3.2 地勘单位安全生产标准化建设流程及工作计划进度 …………………（36）
    3.3 检查与改进 ………………………………………………………………（56）

第4章 地勘单位安全生产标准化自评 ……………………………………………（57）
    4.1 自评目的 …………………………………………………………………（57）
    4.2 自评阶段 …………………………………………………………………（57）
    4.3 材料准备与申请评审 ……………………………………………………（67）

4.4　自评注意事项 …………………………………………………………（73）
第5章　地勘单位安全生产标准化评审与监督 …………………………………（75）
　　5.1　地勘单位安全生产标准化评审 ………………………………………（75）
　　5.2　制订评审计划、考评时间安排及参评前置条件 ……………………（76）
　　5.3　实施考评 ………………………………………………………………（79）
附录1　金属非金属矿产资源地质勘查单位安全生产标准化实施指南 ……（91）
附录2　地勘单位安全标准化创建施工作业现场标准化图集（岩心钻探部分）……………………………………………………………………（106）

第1章　安全生产标准化概述

1.1　安全生产标准化基本知识

1.1.1　安全生产标准化的概念

安全生产标准化是指通过建立健全企业安全生产责任制，制定安全生产管理制度和安全操作规程，排查治理安全隐患和监控重大危险源，建立预防机制，规范生产行为，使各生产环节符合有关安全生产法律法规和标准规范的要求，人、机、物、法、环处于良好的生产状态，不断加强企业安全生产规范化建设。它是一项使企业在创建过程中实现其"岗位、专业、企业"达到相应的国家、地方、行业标准及标准以上的达标活动。

企业通过落实安全生产主体责任，全员全过程参与，建立并保持安全生产管理体系，全面管控生产经营活动各环节的安全生产与职业卫生工作，实现安全健康管理系统化、岗位操作行为规范化、设备设施本质安全化、作业环境器具定置化，并持续改进。

1.1.2　安全生产标准化的特点

（1）先进性

《金属非金属矿产资源地质勘查单位安全生产标准化实施指南》（以下简称《实施指南》）与《金属非金属矿产资源地质勘查单位安全生产标准化评分办法》（以下简称《评分办法》）吸收了管理体系的思想，采用了国际通用的策划/计划（P,Plan）、实施/执行（D,Do）、检查（C,Check）、处理（A,Act）动态循环的现代安全管理模式，以实现自我检查、自我纠正和自我完善，达到持续改进的目的，具有管理方法上的先进性。

（2）系统全面性

《实施指南》与《评分办法》的内容涉及地质勘查（简称地勘）单位安全生产的各个方面，从目标与计划，组织机构与责任，法律法规、安全管理制度与档案管理，安全投入，风险管理，安全教育培训，生产设备设施，地质勘查作业安全，安全检查与隐患治理，职业健康，应急救援，事故报告、调查和处理，绩效评估与持续改进十三个方面提出了比较全面的要求，具有系统性和全面性。

（3）可操作性

《实施指南》与《评分办法》依据我国已经制定的标准化工作的做法和经验，并结合地勘单位安全生产的特点，对核心要素提出了具体、细化的内容要求。企业在贯彻《实施指南》与《评分办法》过程中，全员参与规章制度、操作规程的制定，并进行定期评估检查，这样使得规章制度、操作规程与企业的实际情况紧密结合，避免了"两张皮"情况的发生，有较强的可操作性,便于企业实施。

(4)管理量化性

《实施指南》与《评分办法》吸收了传统标准化分级管理的思想,有配套的评分细则,在企业自主建立和外部评审定级中,根据对比衡量,得到量化的评价结果,能够较真实地反映自身的安全管理水平和改进方向,便于企业进行有针对性的改进、完善。量化的评价结果也是监管部门分类监管的依据。

(5)多方面相结合

先进管理理念与传统管理思想相结合;隐患排查与危险源辨识相结合;持续改进与分级考评相结合。

1.1.3 安全生产标准化创建的意义与作用

(1)安全生产标准化创建的意义

①创建活动中,使企业将自己的"岗位、专业、企业"对照相应标准,发现问题、自我评定、采取措施,从源头上落实"安全第一、预防为主、综合治理"的方针。

②作为地勘单位安全生产许可证延期换证的重要条件。

(2)安全生产标准化创建的主要作用

①安全生产标准化是全面贯彻我国安全生产法律法规、落实企业主体责任的基本手段。

安全生产标准化考评标准,体现了法律法规、标准规程的具体要求,以管理标准化、操作标准化、现场标准化为核心,制定符合自身特点的各岗位、工种的安全生产规章制度和操作规程,做到安全管理有章可循、有据可依、照章办事的良好局面,规范和提高从业人员的安全操作技能。通过建立健全安全生产责任制,将安全生产责任从企业法人落实到每个从业人员、操作岗位,强调全员参与的重要意义,进行全员、全过程、全方位的梳理工作,全面细致地查找各种事故隐患和问题及与考评标准规定不符合的地方,制订切实可靠的整改计划,落实各项整改措施,从而将安全生产的主体责任落实到位,促使企业安全生产状况持续好转。

②安全生产标准化是体现安全管理先进思想、提升企业安全管理水平的重要方法。

安全生产标准化是在传统的安全质量标准化基础上,借鉴国外现代先进安全管理思想,强化风险管理,注重过程控制,做到持续改进,比传统的质量标准化具有更先进的理念和方法,比引进的职业健康安全管理体系有更具体的实际内容,是现代安全管理思想和科学方法的中国化,有利于形成和促进企业安全文化建设,促进安全管理水平的不断提升。

③安全生产标准化是改善设备设施状况、提高企业本质安全水平的有效途径。

开展安全生产标准化活动重在基础、重在基层、重在落实、重在治本。各行业的考核标准在隐患排查的基础上,对现场设备设施提出了具体的条件,促使企业淘汰落后生产技术、设备,特别是危及安全的落后技术、工艺和装备,从根本上解决了企业安全生产的根本素质问题,提高企业的安全技术水平和生产力的整体发展水平,提高安全保障能力。

④安全生产标准化是预防控制风险、降低事故发生的有效办法。

通过创建安全生产标准化工作,使隐患排查工作制度化、规范化、常态化,切实改变运动式的工作方法,对危险源做到可防可控。通过作业标准化,大大减少习惯性违章指挥和违章作业现象,控制事故多发的关键因素,全面降低事故风险,将事故隐患消灭在萌芽状态,减少一般事故,进而遏制重特大事故的发生。

⑤安全生产标准化是建立约束机制、树立企业良好形象的重要措施。

安全生产标准化强调过程控制和系统管理,将贯彻国家有关法律法规、标准规程的行为过程及结果定量化或定性化,使安全生产工作处于可控状态,通过绩效考核、内部评审等方式、方法和手段的结合,形成了有效的安全生产激励约束机制。通过安全生产标准化,企业管理上升到一个新的水平,减少伤亡事故,提高企业竞争力,促进了企业发展,将为达标企业树立良好的社会形象。

⑥安全生产标准化是建立长效机制、提高安全监管水平的有力抓手。

安全生产标准化是一项系统、全面、基础和长期的工作,克服了工作的随意性、临时性和阶段性,做到用法规抓安全,用制度保安全,实现企业安全生产工作规范化、科学化。开展安全生产标准化工作对于冶金、有色、机械等无行政许可的行业,完善了监管手段,提高了监管力度和监管水平。

1.2 安全生产标准化各要素间的逻辑联系

1.2.1 PDCA 循环(戴明环)

PDCA 是英语单词 Plan(计划)、Do(执行)、Check(检查)和 Act(处理)的第一个字母,PDCA 循环就是按照这样的顺序进行质量管理,并且循环不止地进行下去的科学程序(图 1-1)。

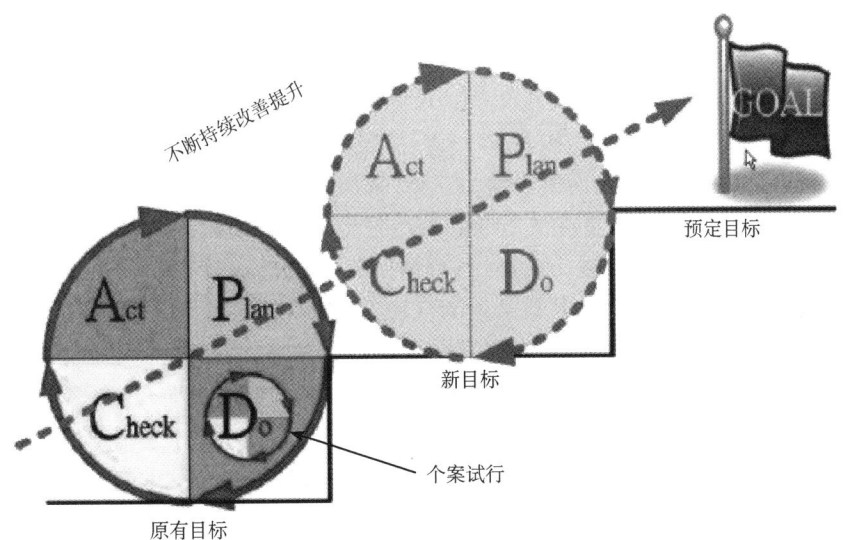

图 1-1 PDCA 循环模式图

(1)P(Plan)计划,包括方针和目标的确定,以及活动规划的制定。

(2)D(Do)执行,根据已知的信息,设计具体的方法、方案和计划布局;再根据设计和布局,进行具体运作,实现计划中的内容。

(3)C(Check)检查,总结执行计划的结果,分清哪些对了、哪些错了,明确效果,找出问题。

（4）A(Act)处理，对总结检查的结果进行处理，对成功的经验加以肯定，并予以标准化；对于失败的教训也要总结，引起重视。对于没有解决的问题，应提交到下一个 PDCA 循环中去解决。

以上四个过程不是运行一次就结束，而是周而复始地进行，一个循环完了，解决一些问题，未解决的问题进入下一个循环，这样阶梯式上升的。

PDCA 循环是全面质量管理所应遵循的科学程序。全面质量管理活动的全部过程，就是质量计划的制订和组织实现的过程，这个过程就是按照 PDCA 循环，不停顿地周而复始地运转的。

1.2.2 安全生产标准化各要素间的逻辑联系

《实施指南》将该体系按不同的功能分为 13 个体系要素（见附录 1 第 5 部分），每一个要素都有其独立的管理作用。仅仅从各要素要求去理解安全生产标准化是不够的，《实施指南》提供的是一个系统化、结构化的体系，这就要求将其中各个要素要求综合起来考虑，协调一致，共同构成一个有机整体。安全生产标准化是地质勘查单位全面管理体系的一个组成部分，包括计划、实施、检查和处理。因此，应根据《实施指南》的要求与承诺，通过 PDCA 循环和各体系要素功能的展开，保证目标的实现。

对《实施指南》的掌握与理解不仅要掌握各体系要素各自的功能，而且应了解它们之间的相互关系，将安全生产标准化形成一个整体。

1.2.2.1 安全生产标准化计划阶段

安全标准化计划包括方针和目标的确定，以及活动规划的制定。安全生产标准化计划是《实施指南》的第一步，计划制定的好坏将直接影响整个安全生产标准化实施的结果。

围绕安全生产标准化的整体要求与要实现的目标，安全生产标准化体系计划阶段的要素包括 5.1"目标与计划"、5.2"组织机构与责任"、5.3"法律法规、安全管理制度与档案管理"、5.5"风险管理"。从这一系列要素的关系看，风险管理将直接应用于目标与计划的制定上，进而制定出管理方案，明确实现地质勘查单位目标的方法和时间表。目标与计划要求在建立过程中考虑法律和法规要求，地质勘查单位所设立的目标与计划应与方针一致，因此，单位可将法律法规中的有关要求作为单位的目标，通过各种管理方案和程序的实施确保其实现。法律、法规及其他要求则要求用人单位能充分掌握所适用的法律法规和其他要求，有相应的程序跟踪信息，为体系的运行操作提供依据。在计划的制定阶段，必须明确组织机构与责任，在体系的实际运行中，机构的合理可靠、职责的明确、资源的充分保障是体系运行的必要条件。同时，《实施指南》中每一要素及其功能的实现都有赖于相关责权人员的参与和执行，有赖于相关资源的充分与保障。如地质勘查单位目标与计划的制定要体现全员参与，并由最高管理者批准。并且，组织机构与责任的明确也为体系培训需求的确定、信息沟通的渠道与方式、文件及程序的编写与管理等若干要素的实施与保持提供基本的框架和结构化方式。

1.2.2.2 安全生产标准化执行阶段

安全生产标准化执行阶段就是根据已知的信息，设计具体的方法、方案和计划布局；再根据设计和布局，进行具体运作，实现目标与计划中的内容。

根据上一阶段所制定的目标与计划，安全生产标准化体系执行阶段要素包括 5.4"安全投入"、5.6"安全教育培训"、5.7"生产设备设施"、5.8"地质勘查作业安全"、5.10"职业健康"、5.11"应急救援"。从这一系列要素关系看,要保证安全生产,必须有一定的物质条件和技术措施加以支持,这就要求地质勘查单位在安全生产条件方面必须有相应的资金投入。地质勘查单位安全教育培训等部门要根据安全生产法律法规、标准规范等要求和全年安全生产目标进行安全教育培训,安全生产标准化要求与重要风险相关的人员都得到相应培训,确保员工具有相当的安全意识与岗位工作技能。生产设备设施是执行安全生产最基础的物质保障,是实现安全生产标准化的基础,地质勘查单位建设项目的所有设备设施应符合有关法律法规、标准规范要求,安全设备设施应与建设项目主体工程同时设计、同时施工、同时投入生产和使用。地质勘查作业因其作业的特殊性,作业场地较分散,作业环境较艰苦,井巷施工与爆破施工中又存在很多危险有害因素,所以实现安全生产必须保证作业过程中的安全,通过作业人员的安全培训和生产设备设施的安全化共同来保障作业安全。地质勘查单位作为职业危害防治的责任主体,必须贯彻执行法律法规、标准规范的要求,加强作业场所的职业危害防治工作,采取有效措施,保障从业人员的职业健康,实现安全生产。安全生产应急管理是安全生产工作的重要内容,地质勘查单位是安全生产的责任主体,因此,也是安全生产应急管理的责任主体,地质勘查单位必须根据其事故应急救援制度建立有安全生产应急管理职责的机构并配备相关人员,一旦发生事故,必须第一时间展开救援,最大限度减少损失。

1.2.2.3 安全生产标准化检查与处理阶段

安全生产标准化检查阶段就是总结执行计划的结果,分清哪些对了,哪些错了,明确效果,找出问题。安全生产标准化处理阶段是对总结检查的结果进行处理,对成功的经验加以肯定,并予以标准化;对于失败的教训也要总结,引起重视。对于没有解决的问题,应提交到下一个 PDCA 循环中去解决。

根据安全生产标准化执行阶段的结果,安全生产标准化体系检查阶段和处理阶段可以放在一起综合处理,这两个阶段的要素包括 5.9"安全检查与隐患治理"、5.12"事故报告、调查与处理"、5.13"绩效评价与持续改进"。从这一系列要素关系看,安全检查与隐患治理工作是安全生产工作中的一项重要的专项工作,包括对生产操作和基层管理的检查,也包括对地质勘查单位安全生产标准化绩效和目标的例行监控和检查。检查的结果应对照用人单位遵循的相关法律法规做出符合性判断。隐患治理的目的是治理、消除安全隐患,保障安全生产。地质勘查单位应根据隐患排查的结果,有针对性地制定隐患治理方案,及时治理、消除隐患。地质勘查单位一旦发生事故,应按照规定由地方政府组织的事故调查组进行调查,或者受县级人民政府委托,成立事故调查组,组织事故调查。安全生产标准化,是以隐患排查治理为基础。绩效,应是对隐患排查的情况及治理成效的具体分析,不能简单理解为或等同于地质勘查单位或各部门每年所发生的伤亡情况。绩效评定是为了了解安全生产标准化工作在本地质勘察单位推行的主要作用、亮点及存在的主要问题,以利于下一步更好地开展安全生产标准化工作。评价结果同时作为考评相关部门、相关人员一定时期内安全管理工作成效的一个重要依据。地质勘查单位应根据安全生产标准化的评定结果所反映的情况,对安全生产目标、指标、规章制度、操作规程等进行修改完善,持续改进,不断提高安全绩效。

安全生产标准化管理体系的系统性很强,反映出安全生产标准化管理体系各体系要素间的逻辑关系。可以参照图 1-2 进一步理解安全生产标准化管理体系各要素间的关系。只有将 13 个安全生产标准化管理体系要素联系起来,共同发挥作用,才能达到《实施指南》的要求,也才能在满足地质勘查单位安全目标要求的前提下,提高绩效,实现持续改进。

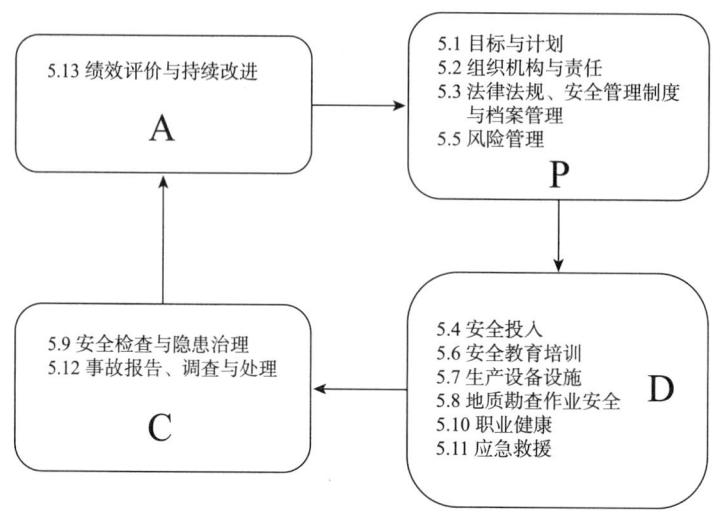

图 1-2 安全生产标准化体系各要素间的关系

1.3 安全生产标准化与职业健康安全管理体系

1.3.1 安全生产标准化与职业健康安全管理体系的异同

(1)安全生产标准化与职业健康安全管理体系的相似点

①根本目的一致。安全生产标准化与职业健康安全管理体系都是为了规范安全生产管理,消除或减少职业健康安全风险,改善安全生产绩效。

②基本原理和模式相似。安全生产标准化与职业健康安全管理体系均是科学的现代化管理模式,强调的是系统管理,变事后被动管理为事前主动管理,都体现了预防为主的理念。两者均通过 PDCA 模式为企业建立了一个动态循环的管理模式,持续改进企业的安全管理绩效,实现目标和指标;均采用了设置要素、指标的管理方法,采用了第三方考评(审核)的方式进行效果验证。两者均强调全过程的标准化、规范化管理。两者都要求做到有制度、有规程、有标准,有测量和纠正及相应记录。

③实施方式相似。安全生产标准化与职业健康安全管理体系的实施均强调领导的重视和支持,强化基础建设和基础管理,树立大安全概念,要求广泛参与,实现安全生产长效机制。

④有遵循法律法规的要求。安全生产标准化考评标准中所列的考评条款是根据国家和行业法规、标准以及安全健康的有关规定编制的,直接将法律法规融入具体要求,守法是基础、是底线,也是保障。建立职业健康安全管理体系也设立了"法律法规和其他要求"的基本要素,通过管理方案、运行控制等活动的实施确保满足法律法规要求,并对法律法规遵守情况进行监督检查、评价。

(2)安全生产标准化与职业健康安全管理体系的区别

①适用范围不一样。安全生产标准化是国家针对相应行业的企业制定的,采取不同的行业适用不同的考评标准,其内容与行业标准、企业实际相对应,属于有限适用。职业健康安全管理体系适用范围广,适用于所有有建立体系愿望的组织,可以是企业,也可以是机构,甚至是一个区域管理范畴,体系标准适用于各类组织,内容也是管理框架型、原则型、通用型的,属于广泛适用。

②实施与应用方面不一样。安全生产标准化采取强制原则,而建立职业健康安全管理体系则采取自愿原则。

③侧重点不一样。安全生产标准化是管理标准,而职业健康安全管理体系是管理方法。安全生产标准化是一个考评体系,更注重结果,主要是考核具体管理过程的结果,包括基础管理、设备设施、作业环境和职业健康等各具体管理的结果。采用的是评分制,是一个量化标准。职业健康安全管理体系强调的是管理模式和方法,尤其强调PDCA循环模式,更注重过程持续推进,未提出量化的指标,是一种过程管理方法。

④审核和考评不一样。安全生产标准化是有起点要求的,而职业健康安全管理体系是没有起点要求的。安全生产标准化采用评分制,分3档达标(一级90分、二级75分、三级60分),如达不到60分,就不能算作达标,同时设置否决项,对安全绩效有明确要求,一旦发生安全事故,将直接影响评定结果。职业健康安全管理体系主要强调系统化的健康安全管理思想,即通过建立一整套职业健康安全保障机制,旨在控制和降低职业健康安全风险并改进其绩效,最大限度地减少生产安全事故和职业病的发生。它并未提出具体的职业健康安全绩效准则,也未作出设计管理体系的具体规定,也就是说,不管这个企业是事故低发单位,还是事故高发、频发单位,都可以建立体系。

综上所述,安全生产标准化与职业健康安全管理体系是开展安全生产工作两大抓手,两者各有侧重,既不能偏废,也不能绝对化,应当有机地结合起来,通过职业健康安全管理体系的有效运行,来实现安全生产标准化,最终达到降低职业健康安全风险、提高本质安全的目的。

1.3.2 安全生产标准化与职业健康安全管理体系的融合与优化

安全生产标准化和职业健康安全管理体系是企业安全生产综合管理水平提升的载体,正确理解和处理好两者之间的关系,才能事半功倍。

(1)理清安全生产标准化与职业健康管理体系的结合点,将安全生产标准化要求融入体系管理中。

安全标准化是建立职业健康安全管理体系的核心和基础,它相当于体系运行中的作业指导书,可以为危险源的辨识、运行控制、绩效改进提供方法和手段,它的产生使体系的具体化更有可操作性和实效性,有利于体系的有效运行。

《金属非金属矿产资源地质勘查单位安全生产标准化实施指南》(AQ/T 2064—2018)、《职业健康安全管理体系》(ISO 45001:2018)和《职业健康安全管理体系 要求》(GB/T 28001—2011)的相似对应点很多,有共同的PDCA模式,在创建过程中根据同一性和相似性"合并同类项",既可以通过标准化的创建,明确体系持续改进的目标和方向;又可以通过体系的有效运行,改善标准化绩效,还能够有效减少管理部门的工作量。

因此，未开展职业健康安全管理体系认证的企业，可以通过安全生产标准化建设使得安全管理工作系统化、规范化、科学化。

针对已经建立了职业健康安全管理体系的企业，安全生产标准化建设工作一定要在职业健康安全管理体系运行的基础上进行建设。在安全管理制度等软件方面，可以在职业健康安全管理体系的原有管理文件基础上，进行填平补齐，做到管理标准化；在现场运行方面，对照评分细则或行业评定标准、法律法规、安全规程等，查漏补缺，进一步达到操作标准化、现场标准化的要求。

（2）利用安全生产标准化和职业健康安全管理体系的相似点，实现两者融合的程序和要点。

根据安全生产标准化和职业健康安全管理体系两者的共性，可以按以下步骤逐步完成整合。

①实现领导机构和组织职能分配的整合，统一两者实施人员。

②拟定共同的目标及管理方案。一般以安全生产标准化考评要求为主，职业健康安全管理体系持续改进为辅。

③开展培训。要使参加整合实施的每一个成员都充分理解和掌握两者的要素和内容，特别是安全标准化的强制性要求条款；明确两者的共同之处和区别，以及两者的运行模式和考评模式。

④进行调查摸底。特别是已建立体系并运行的单位，要充分理清现有体系运行模式是否存在重复或漏项，准备在整合过程中同步解决。

⑤制订整合计划。重点明确整合的模式，通用要素和特定要素划定，建立能够整合的和需单独设置的文件、制度、记录清单，并确定责任人和整合期限。

⑥实施整合。落实文件、记录的编制，编制完成后对照两者标准要素要求，组织评审；重点核对是否符合法律法规要求，是否涵盖所有要求。

⑦文件发布、试运行。试运行期间重点关注运行控制效果，以及文件制度的实用性、可操作性。

⑧进行阶段性运行检查、评估。一般以3个月为一个阶段，重点关注安全生产标准化考评要求是否得以实施。

第 2 章 《金属非金属矿产资源地质勘查单位安全生产标准化实施指南》核心要素解读

2.1 目标与计划

2.1.1 理解要点

地质勘查单位的安全生产目标与计划管理是指地质勘查单位在一个时期内围绕目标与计划分析内外部客观情况,制定安全目标、考核细则,层层分解;明确职责,落实措施,定期考核,奖惩兑现,达到现代安全生产目的的科学管理方法。实施安全生产目标与计划管理,首先要从自身的安全生产实际情况出发,结合其安全生产实际水平和预期,结合不同的作业方法、手段和作业环境等,突出需要特别加以改进的地方,制定其安全生产目标与计划。

地质勘查单位制定的目标与计划必须依据充分、目标计划明确。制定安全生产目标与计划应遵循:一是贯彻国家安全生产法律法规、方针政策,以及上级有关安全生产的要求,坚持以人为本、安全发展的原则;二是紧密结合地质勘查作业特点、战略目标,以及安全生产风险情况;三是要紧密结合地质勘查单位的安全生产管理状况,吸取本单位及行业内外的事故教训,能体现地质勘查单位的伤亡指标、经济损失指标、主要安全工作的日常管理指标等。

地质勘查单位要将安全生产目标与计划分解落实到相应的职能部门和所属二级单位,形成安全生产指标,作为上级安全生产目标实现的必要保证。通过层层签订安全生产责任状的方式,逐级落实到班组和岗位,并制定保证安全生产目标与计划实现的考核办法,落实组织措施和技术措施。

地质勘查单位为确保目标与计划的全面完成,在目标与计划下达前应与各相关单位和各职能部门进行充分沟通与传达,要向所属基层单位和从业人员及时传达所制定的目标与计划,使全体从业人员熟悉并掌握。

地质勘查单位应制定相应的考核办法,与整体工作考核相融合,通过阶段的、年度的监督和评估,对实现的进度、程度和业绩进行总结,总结中应有年度计划完成情况、中长期规划的实现情况、年度目标指标完成情况、存在问题及改进建议等内容。

地质勘查单位对需要调整的目标与计划应及时组织相关人员进行修订和向所有部门发布,突出需要特别加以改进的地方,以确保目标与计划的适宜性,并应在目标与计划的实施、检查考核过程中建立全面、真实的记录资料,并存档。

2.1.2 实施要点

(1)建立符合本单位安全生产管理实际的目标计划管理制度,并发布实施。

(2) 依据制度规定进行目标分解职能到部门,职责明确、责任到人。
(3) 通过目标计划的分解应体现以下几个原则:
①党政同责、一岗双责;
②党政工团齐抓共管;
③全员参与;
④安全部门牵头,其他职能部门和所属二级单位共同协作。
(4) 制定目标实施计划,沟通到位,保障安全生产目标计划的全面实现。
(5) 各项安全生产目标计划应可量化、可考核。
(6) 通过目标计划的制定、发布、实施、检查、考核、兑现、评价、改进等监管过程达到预期的运行绩效。
(7) 体现目标计划的符合性(体现目标计划的平均先进水平)。
(8) 对安全生产目标计划的落实情况应定期考核、按期兑现。
(9) 年终进行绩效评价、自评、总结,调整与完善,持续改进。
(10) 对上述各环节、过程中的各项原始记录、台账等资料应及时、全面、真实,并保存归档。

2.2 组织机构与责任

2.2.1 理解要点

《中华人民共和国安全生产法》第二十一条规定:"矿山、金属冶炼、建筑施工、道路运输单位和危险物品的生产、经营、储存单位,应当设置安全生产管理机构或者配备专职安全生产管理人员。前款规定以外的其他生产经营单位,从业人员超过一百人的,应当设置安全生产管理机构或者配备专职安全生产管理人员;从业人员在一百人以下的,应当配备专职或者兼职的安全生产管理人员。"

安全生产管理机构是指地质勘查单位内部设立的专门负责安全生产管理事务的独立职能部门;专职安全生产管理人员是指在地质勘查单位中专门负责安全生产管理,不做其他工作的人员;兼职安全生产管理人员是指地质勘查单位中承担其他工作,同时负责安全生产管理工作的人员;具有国家规定的相关专业技术资格的工程技术人员是指地质勘查单位以外的具有相关安全方面的专业技术,并经有关部门考核合格,取得安全方面专业技术资格的人员,如注册安全工程师、安全评价师、安全生产标准化评审人员、职业健康安全管理体系认证审核人员等。

对野外工作周期长、投入人员较多、施工方法多、作业环境恶劣、管理难度大的重点或大型地质勘查项目部,应分别设安全总监、专职安全管理人员;对一般地质勘查项目部应根据从业人员数量多少,依法设置专(兼)职安全生产管理人员。并以文件的形式明确其职责、权限和义务。

地质勘查属于高危行业,应成立安全生产委员会,所属二级单位或项目部应成立安全生产领导小组,并以正式文件形式明确其职责、权限和义务。安全生产委员会每季度至少召开一次会议,研究部署安全工作,下发会议纪要,并保留会议签到表和会议记录。所属二级单位安全生产领导小组每月至少召开一次专题会议,所属项目部的安全生产领导小组每周至少召开一次专题会议,研究解决安全生产管理过程中的重点和难点问题,并保留会议签到表和会议记录。

安全生产责任制是明确本单位的主要负责人与其他负责安全生产管理的领导及内设各有关部门和所属各单位及从业人员之间,在生产经营活动中各自应负责的制度。

安全生产责任制是各项安全生产规章制度的核心,是行政岗位责任制和经济责任制度的重要组成部分,也是最基本的职业健康安全管理制度。安全生产责任制是按照安全生产工作方针"安全第一、预防为主、综合治理"和"管生产的同时必须管安全"的原则,将各级负责人员、各职能部门及其工作人员和各岗位生产工人在安全生产方面应做的事情和应负的责任加以明确规定的一种制度。

安全生产责任书的内容应量化、具体、责任明确。安全生产责任书应逐级签订,并包含以下层次:地质勘查单位与所属二级单位、职能部门;二级单位与所属项目部;项目部与机台班组、重点岗位。

定期检查考核安全生产责任制的落实情况,根据检查考核结果,对安全生产责任制的适宜性进行评估并完善。

2.2.2 实施要点

(1)建立安全生产机构设置与人员配备的管理制度;
(2)严格按照《安全生产法》要求设置安全生产管理机构,配备安全生产管理人员;
(3)机构健全、职责明确,对专(兼)职安全生产管理人员的配备和岗位任职要求应有明确规定;
(4)应建立完善的安全生产监管机构体系;
(5)安委会应定期召开会议研究解决安全生产管理过程中的问题;
(6)各项安全生产会议应有议程、有记录、有签到,对会议所形成的决议,要通过会议纪要或情况通报下发执行;
(7)安全生产管理人员应有任职文件,并明确职责、权限和义务等;
(8)对兼职安全员的职责、权限等应在文件中作出明确规定和要求;
(9)安全生产管理人员应符合任职条件(经过培训、考核合格);
(10)所取得的安全培训合格证应在有效期内;
(11)对安委会所形成的各项会议决议,应能够得到有效落实;
(12)应定期检查会议决议的落实情况;
(13)定期对安全生产责任人和安全生产管理人员进行履职考核;
(14)按照"党政同责、一岗双责"的要求对单位副职、职能部门和二级单位负责人定期进行检查考核履职情况;
(15)定期检查考核、公正公开、奖惩分明、及时兑现;
(16)定期进行评价,对相关指标、条款适宜性进行评价分析;
(17)责任制中的各项责任明确,主要指标应符合量化、具体、可考核、可执行的要求;
(18)定期向职代会报告安全生产自评考核情况;
(19)要求所制定的各项责任制一是要符合本单位实际,二是要符合适时的法律法规;
(20)对本岗位安全职责的熟知程度和履职情况的考核;

(21) 保障考核结果的真实性、合理性和有效性。

2.3 法律法规、安全管理制度与档案管理

2.3.1 理解要点

地质勘查单位应建立识别和获取适用的安全生产法律法规、标准规范的制度，明确主管部门，确定获取的渠道、方式，及时识别和获取适用的安全生产法律法规、标准规范。

地质勘查单位各职能部门应及时识别和获取本部门适用的安全生产法律法规、标准规范，并跟踪、掌握有关法律法规、标准规范的修订情况，及时提供给地质勘查单位内负责识别和获取适用的安全生产法律法规的主管部门汇总。

地质勘查单位应将适用的安全生产法律法规、标准规范及其他要求及时传达给从业人员。地质勘查单位应遵守安全生产法律法规、标准规范，并将相关要求及时转化为本单位的规章制度，贯彻到各项工作中。

地质勘查单位的安全生产规章制度是根据其自身生产经营范围、危险程度、工作性质及具体工作内容的不同，根据国家有关法律、行政法规、规章和标准，有针对性规定的、具有可操作性的、保障安全生产的工作运转制度及工作的方式、方法和操作程序。安全生产规章制度越合理、具体、明确，越能在保障安全生产方面发挥作用，每个环节的安全生产规章制度都能合理、有效、充分地发挥作用，整个单位的安全生产工作就在很大程度上有了保障。

所有岗位必须制定相应的岗位安全操作规程或岗位工作标准，其中必须有安全生产方面的专门规定，包括岗位存在的隐患和职业危害因素（危险源）、相应的预防事项、必须掌握的安全生产知识和技能、安全生产义务和权利、应急要求等。

岗位安全操作规程的编制、发放和管理等与规章制度的要求基本相同。

这里所指检查与平常所说检查不同，其周期、对象均是特定的，其范围也远比日常检查更广泛。准确地说，应当是一种专门检查。每年至少一次，但不是安排在一年内任何时间均可，而是应当在两次评估之间保证大约有一年或者多半年的时间间隔，否则，两次评估时间过近的话，不能保证评估的客观性。例如去年底才进行过评估，今年春节刚过就又开始本年度的评估，难以对年度的执行情况做出合理和令人信服的判断。当然，适当增加评估频次可以相应地缩短两次评估的时间间隔，在资源和运作成本允许的前提下，这样效果会更好。

修订的目的是保证安全生产规章制度和操作规程等文件的有效性和适用性；修订对象是规章制度和操作规程等文件；修订依据是评估的情况、检查的发现、事故案例和绩效评定的结果，还要保证经过修订后的文件在用版本的控制，防止误用。

有两种情况需要对文件进行修订：一是情况（包括外部要求和内部实际）发生变化时应及时修订；二是定期修订，对于带有时效性的文件应当及时发布废止信息，对于长期有效的文件应当定期组织全面的修订工作。

文件的管理主要是指文件的版本管理和控制，保证每个文件持有者手中的文件均是在用版本，不是已废版本。这就要加强对文件修订工作的管理，对修订后的文件版本实施控制，发布新版本的同时必须收回或废除旧版本，尤其要采取严格和有效的措施，防止误用。

记录是安全生产工作过程和结果的客观证据,在实际工作中起到了证明、提供基础情况和数据的不可替代的作用。特别是生产安全中发现负面影响的事件或事故时,记录可以追溯发生的过程,为分析原因提供一手材料,为分清责任起到画龙点睛的作用。例如当事人的安全教育培训记录、生产数据和现场情况记录、规章制度和操作规程的执行情况、设备设施的状况等。

2.3.2 实施要点

(1)法律法规

①建立对应的管理制度,明确部门职责;

②按制度要求定期进行识别和获取相关适时的法律法规及标准规范;

③为本单位制度的修订与完善提供充分的法律依据;

④保持最适时的法律法规、标准规范;

⑤对获取的法律法规及标准规范做好学习培训,做好记录并保存;

⑥对已经识别和获取的资料应及时归口汇总;

⑦所获取的法律规范应与目录清单相符合;

⑧及时转化本单位的规章制度,并能够起到监管作用;

⑨制定符合各岗位实际的岗位安全操作规程,应简明、适用;

⑩作业人员能够熟知基本奖惩规定、岗位安全操作规程、岗位职责和应急处置知识,做到岗位达标。

(2)安全管理台账

①建立安全生产管理台账的管理规章制度;

②制定一套切合本单位安全生产管理实际的台账格式;

③始终保持台账资料的全面性、及时性和真实性;

④把生产经营过程中所做、所涉及的安全工作事项,都记录下来、留有痕迹;

⑤各项台账资料必须记录及时、全面覆盖、内容真实。

(3)档案管理

①建立文件与档案管理制度并及时发布;

②制度应明确各种台账的作用、记录的信息重点和填写要求等;

③安全生产管理台账资料的归档应符合全面、真实、分类整理、分卷装订归档的文字资料、图片资料、台账记录资料应符合图文并茂的要求;

④按年度、按不同要素进行分类,归集整理,汇编成册,共分五卷:A卷、B卷、C卷、D卷、E卷。

2.4 安全投入

2.4.1 理解要点

安全投入主要是指地质勘查单位投入和提取、使用安全生产费用,安全生产费用是指地质勘查单位按照相关规定标准或地质勘查单位实际需要提取,在成本中列支,专门用于完善和改进地质勘查单位安全生产条件的资金。安全生产费用按照"地质勘查单位提取、政府监管、确保需要、规范使用"的原则进行财务管理。

安全投入是保障地质勘查单位具备安全生产条件的必要物质基础。对大量生产安全事故的分析表明,地质勘查单位的安全生产投入不足是导致事故发生的重要原因之一。地质勘查单位对安全生产工作是否真正重视,一个重要的体现就是在追求经济效益的同时,能否保证在安全方面的足够投入,并保证其有效地运用,也就是在经济效益与安全生产方面找到最佳投入结合点。

要保证安全生产,必须有一定的物质条件和技术措施加以支持,这就要求地质勘查单位在安全生产条件方面必须有相应的资金投入。从表面上看,安全生产方面的资金投入与单位追求的经济效益之间是相互矛盾的,实则不然,因为发生一起大的事故,给单位带来的经济损失往往是巨大的,有的甚至能将一个单位多年的经济效益毁于一旦。因此,地质勘查单位保证安全生产资金投入,是十分必要和迫切的。

安全投入主要用于以下方面:
(1)建设安全技术措施工程,如防火工程、通风工程等;
(2)完善、改造和维护安全防护设备、设施支出;
(3)重大安全生产课题的研究;
(4)按国家标准为职工配备劳动保护用品;
(5)职工的安全生产教育和培训;
(6)重大危险源、重大事故隐患的评估、整改、监控支出;
(7)安全生产检查与评价支出;
(8)用于制定及落实生产安全事故应急救援预案,配备必要的应急救援器材设备及进行应急救援演练支出;
(9)其他有关预防事故发生的安全技术措施费用和与安全生产直接相关的支出。

安全投入除进行制度化管理外,还要按财务有关制度实施控制,形成完整和准确的记录档案(即安全费用台账)。

2.4.2 实施要点

(1)安全投入

①为进一步保障各单位安全生产费用的提取和使用,严格按照《企业安全生产费用提取和使用管理办法》执行;

②按规定比例及时足额计提;

③安全生产管理部门应编制年度经费计划,保障安全投入;

④财务部门应专户核算;

⑤安全生产管理部门和二级单位应建立安全投入记录台账;

⑥合理调配和使用有限的资金,使其产生最大的安全效益。

(2)工伤保险

①建立工伤保险管理制度;

②按时缴纳职工工伤保险;

③为野外作业人员购买意外伤害保险；
④建立工伤和意外保险登记台账；
⑤建立工伤事故档案，档案资料应齐全，并存档备查；
⑥参保率为100%。

2.5 风险管理

2.5.1 理解要点

地质勘查单位应依据有关标准对本单位的危险设施或场所进行危险有害因素辨识与安全评估。生产经营单位应当按照国家有关规定将本单位危险有害因素及有关安全措施、应急措施报有关地方人民政府负责安全生产监督管理的部门和有关部门备案。

构成危险有害因素的生产经营场所和有关设施都是危险物质或者能量聚集的地方，具有一定的危险性，一旦发生生产安全事故，将会对作业人员及相关人员的人身安全和地质勘查单位财产造成损害。目前，建立危险有害因素监控系统，加强对危险有害因素的监控管理，已成为国际认同的一种预防生产安全事故的有效措施。

地质勘查单位对本单位确认的危险有害因素要进行安全评估。危险有害因素安全评估就是查找、分析危险有害因素潜在的危险，并按照危险有害因素的种类和能量在意外状态下释放可能发生事故的严重后果，对其危险性进行分析，确定危险有害因素的危险等级，并提出合理、可行的安全对策措施，指导危险有害因素监控和管理工作规范、科学、有序地开展，达到切实防范生产安全事故、保障人民群众生命和财产安全的目的。

2.5.2 实施要点

(1)建立风险管理制度；
(2)对危险有害因素分析应覆盖本单位所有的方法手段、不同作业区域和不同作业环境，并对危险有害因素提出有效防护措施；
(3)在危险源辨识的基础上，进行风险评价、建立评价记录台账；
(4)做好项目开工前的安全评价、检查验收与安全技术交底工作，资料归档；
(5)按制度要求把各环节的风险监管抓好、抓实，有成效；
(6)相关的职能部门和责任人应按制度规定把好关、履好责；
(7)特别要做好持续风险识别，一是监管到位，二是责任人要有较强的责任心；
(8)危险有害因素制定出对应的防护措施；
(9)特别是在项目开工前，按制度规定做好把关工作；
(10)通过风险评价，把危险源和有害因素都控制在可控的范围之内；
(11)能够把事故隐患消灭在萌芽状态。

2.6 安全教育培训

2.6.1 理解要点

(1)教育培训管理

地质勘查单位应当建立健全安全教育培训管理制度,明确安全教育培训的主管部门,确立全员培训的目标,将安全培训工作纳入本单位年度工作计划,按照有关安全教育培训的规定,对从业人员进行经常性的安全教育培训,并保证必需的教育培训设备设施和经费,地质勘查单位应当依法接受安全监管监察部门对本单位安全培训情况的监督检查。

地质勘查单位安全教育培训等部门要根据安全生产法律法规标准规范等要求和全年安全生产目标、岗位需求,通过对从业人员文化水平、安全意识、安全知识、安全技能等现状进行系统的调查分析,确定人员是否需要培训和培训的具体需求,根据培训需求和培训大纲要求,制订教育培训方案和培训计划,并有效地组织实施。地质勘查单位对自行组织的培训,要制定培训效果评估方案,进行效果评估;对培训机构开展的培训,要配合进行效果评估工作,根据评估结果对培训内容、培训方式等不断进行改进,确保培训的质量和效果。

地质勘查单位安全教育培训部门要建立健全安全教育培训档案管理制度,建立从业人员安全培训档案,详细、准确记录从业人员培训考核情况,并做好申报、培训、考核、复审的组织工作和日常的检查工作以及档案管理工作。

具备安全培训条件的地质勘查单位,应当对除主要负责人、安全生产管理人员、特种作业人员以外的从业人员进行自主安全培训,也可以委托由安全监管检查部门认定的具备资质的安全培训机构培训;不具备安全培训条件的地质勘查单位,应当委托具有安全培训资质的机构对上述人员进行安全培训。

(2)主要负责人及安全生产管理人员

地质勘查单位主要负责人因其组织、领导本单位的安全生产管理工作,并承担保证安全生产的责任,因此,必须具备与本单位所从事的生产经营活动相适应的安全生产知识,同时具有领导安全生产管理工作和处理生产安全事故的能力。地质勘查单位安全生产管理人员是本单位直接负责安全生产工作的人员。这些人员对地质勘查单位生产经营过程中的安全技术措施的制定、实施和检查直接发生作用,他们安全素质的高低将直接影响地质勘查单位安全生产工作的好坏。

(3)从业人员

新从业人员在上岗前必须经过厂(矿)、车间(工段、区、队)、班组三级安全教育培训。

在新工艺、新技术、新材料、新设备设施投入使用前,应对有关操作岗位人员进行专门的安全教育和培训。

操作岗位人员转岗、离岗一年以上重新上岗者,应进行车间(工段)、班组安全教育培训,经合格后,方可上岗工作。

从事特种作业的人员应取得所从事特种作业对应的操作资格证书,方可上岗作业。

地质勘查单位应当对操作岗位人员进行安全教育和技能培训,保证其具备本岗位安全操作、自救互救以及应急处置所需的知识和技能后，方能安排上岗作业。地质勘查单位应经常以岗位技术竞赛、练兵等方式，组织操作岗位人员进行基本功训练，提高其安全意识和安全技能。

(4) 其他人员

地质勘查单位要依法承担对相关方作业人员的安全教育培训，要依托地质勘查单位安全培训部门或委托安全培训机构、劳务派遣单位，组织相关方的作业人员参加安全教育培训，对考核合格的作业人员发放入场证。培训内容应当包括与地质勘查单位安全生产相关的法律法规、地质勘查单位安全生产管理制度操作规程、现场危险有害因素等。作业现场所在单位在作业人员进入作业现场前，还要有针对性地对其进行作业现场有关规定、安全管理要求及注意事项、事故应急处理措施等的现场安全教育培训。

地质勘查单位为保障外来人员人身安全健康和地质勘查单位的安全运营，要由安全生产管理部门和接待部门对外来参观、学习等人员进行安全教育和告知，使外来人员熟悉地质勘查单位安全生产特点、地理环境、可能接触的危害及应急知识、所涉及场所的安全要求等。

2.6.2 实施要点

(1) 安全培训管理

①建立安全教育培训管理制度；

②提高全员的安全意识，这与单位的安全文化氛围有密切关系；

③定期识别培训对象，制订年度培训计划；

④对不同的培训对象，通过形式多样、有针对性的安全教育培训和良好的安全管理氛围，逐步提升全员的安全意识，提升岗位达标率；

⑤根据制度规定合理调配时间，为员工提供学习时间和培训机会；

⑥有针对性的教育培训，才能有效提高员工的安全意识；

⑦全员时时保持较高的安全意识，提升对特定风险的认知度，能有效避免生产安全事故的发生；

⑧综合性安全教育、"三级"安全教育、岗前教育、四新人员教育和其他人员教育等必须做到培训有计划、有要求、有签到、有记录、有教育人和被教育人签字、有图片资料，教育必须有针对性、有时效性；

⑨通过学员反馈的信息，逐步提高培训质量和培训效果；

⑩把外协和分包施工队伍纳入本单位安全生产的统一管理。

(2) 培训时间

①主要负责人的安全资格培训时间不少于48学时；

②安全生产管理人员的安全培训时间不少于48学时；

③主要负责人每年再培训时间不少于16学时；

④安全生产管理人员每年再培训时间不少于16学时；

⑤新上岗从事坑探作业人员安全培训时间不少于72学时；

⑥对新招聘员工的安全教育时间不少于48学时；

⑦从业人员每年接受再培训的时间不少于20学时。

2.7 生产设备设施

2.7.1 理解要点

(1)生产设备设施管理

地质勘查单位建设项目的所有设备设施应符合有关法律法规、标准规范要求,安全设备设施应与建设项目主体工程同时设计、同时施工、同时投入生产和使用。生产设备设施变更应执行变更管理制度,履行变更程序,并对变更的全过程进行隐患识别与排查。

生产设备设施是实现生产目标、保证产品质量、保障生产安全的物质基础,国家根据不同行业的特点和潜在危害因素,有针对性地制定了相应的法律法规、标准规范,地质勘查单位的生产设备设施必须满足相关法律法规、标准规范的要求。安全设备设施的投入运行能将生产经营活动中的危险有害因素控制在安全范围内,从而预防、减少、消除危害。安全设备设施主要分为预防事故设施、控制事故设施、减少与消除事故影响设施三类。

①预防事故设施

a.检测、报警设施:压力、温度、液位、流量、组分等的报警设施,可燃液体、有毒有害气体、氧气等的检测和报警设施,用于安全检查和安全数据分析等的检验检测设备、仪器。

b.设备安全防护设施:防护罩、防护屏、负荷限制器、行程限制器、制动、限速、防雷、防潮、防晒、防冻、防腐、防渗漏等设施,传动设备,安全闭锁设施,电器过载保护设施,静电接地设施。

c.防爆设施:各种电气、仪表的防爆设施,抑制助燃物品混入、易燃易爆气体和粉尘形成等设施,阻隔防爆器材、防爆工具。

d.作业场所防护设施:作业场所的防辐射、防静电、防噪声、通风(除尘、排毒)、防护栏(网)、防滑、防灼烫等设施。

e.安全警示标志:包括各种指示、警示作业安全和逃生避难及风向等的指示标志。

②控制事故设施

a.泄压和止逆设施:用于泄压的阀门、爆破片、放空管等设施,用于止逆的阀门等设施,真空系统的密封设施。

b.紧急处理设施:紧急备用电源,紧急切断、分流、排放(火炬)、吸收、中和、冷却等设施,通入或者加入惰性气体、反应抑制剂等设施,紧急停车、仪表连锁等设施。

③减少与消除事故影响设施

a.防止火灾蔓延设施:阻火器、安全水封、回火防止器、防油(火)堤、防爆墙、防爆门、防火墙、防火门、蒸汽幕、水幕等设施。

b.灭火设施:水喷淋、惰性气体、蒸气、泡沫释放等灭火设施,消火栓、高压水枪(炮)、消防车、消防水管网、消防站等。

c.紧急个人处置设施:洗眼器、喷淋器、逃生器、逃生索、应急照明等设施。

d.应急救援设施:堵漏、工程抢险装备和现场受伤人员医疗抢救装备。

e.逃生避难设施:逃生和避难的安全通道(梯)、安全避难所(带空气呼吸系统)、避难信号等。

f.劳动防护用品和装备:包括头部、面部、视觉、呼吸、听觉、四肢、躯干等身体部位或器官的防火、防毒、防灼烫、防腐蚀、防噪声、防辐射、防高处坠落、防砸击、防刺伤等免受作业场所物理化学因素伤害的劳动防护用品和装备。

生产经营单位新建、改建、扩建工程项目(以下统称建设项目)的安全设施,必须与主体工程同时设计,同时施工,同时投入生产和使用。安全设施投资应当纳入建设项目概算。以上即通常所称的"三同时"原则。建设项目"三同时"是地质勘查单位安全生产重要的事前保障措施,对贯彻"安全第一、预防为主、综合治理"的安全生产方针,改善劳动条件,防止发生事故,促进经济发展具有重要意义。一般来说,建设项目安全设施的"三同时",应当达到以下要求:

①建设项目的设计单位在编制项目设计文件时,应同时按照有关法律、法规、国家标准或者行业标准,编制安全设施的设计文件;

②生产经营单位在编制建设项目投资计划和财务计划时,应将安全设施所需投资一并纳入计划,同时编报;

③对于按照有关规定项目设计需要报经主管部门批准的建设项目,在报批时,应当同时报送安全设施设计文件;

④生产经营单位应当要求具体从事建设项目施工的单位严格按照安全设施的施工图纸和设计要求施工;

⑤在生产设备调试阶段,应同时对安全设施进行调试和考核,对其效果作出评价;

⑥建设项目预验收时,应同时对安全设施进行验收;

⑦安全设施应当与主体工程同时投入生产和使用。

项目建议书应符合国家的法律法规和产业发展政策。在进行可行性论证时,必须进行安全论证,分析可能的危险有害因素,确定预防措施,并将论证结果载入可行性研究报告。设计单位在编制初步设计报告时,应同时符合国家标准或行业标准的《安全专篇》。《安全专篇》需要审查的,应按规定由有关部门审查。施工单位必须按照审查批准的设计报告进行施工,编制《总体开工方案》,不得擅自更改安全设施的设计,并对施工质量负责,建设项目的验收,必须按照国家有关建设项目安全验收的规定进行,不符合安全规程和行业技术规范的,不得验收,不得投入使用。安全设施必须和生产设施同时投入使用,不得将安全设施闲置不用。

对建设项目来说,变更是经常发生的事情,可能发生厂址的改变、工艺的改变、设备的改变、产品的改变、安装位置的改变、管道走向的改变等。变更应按照相关规定和程序来进行,并制定合理的变更管理制度,变更涉及需要进行安全审查、安全评价的项目,应当重新进行安全审查、安全评价。变更涉及的相关资料、变更过程的风险评价报告等有关材料和资料应归档管理,变更一般包括变更申请、批准、实施、验收等过程。根据变更规模的大小,实施变更还可能涉及可行性研究、设计、施工等过程。

(2)生产设备设施使用与维护

地质勘查单位应制定生产、安全设备设施管理制度,明确管理部门和责任,并将责任分解落实到人。

地质勘查单位建立设备设施台账,详细记录设备名称、生产厂商、技术要求、用途、检验检测时间、维护保养状况、管理责任落实等情况,设备操作人员使用设备前应掌握操作技和操作规程,按规定使用、维护和保养,确保设备设施状况良好,符合国家有关规定和标准,保证设备设施的运行安全。

地质勘查单位应实行专人负责安全设施的管理机制,定期对安全设施进行检查和维护保养,确保安全设施有效,并将检查和维护保养记录存档。

安全设施的检/维修应与生产设施检/维修等同管理,编制安全设施检/维修计划,定期检/维修。安全设施因检/维修拆除的,应采取临时安全措施,弥补因为安全设施拆除而造成的安全防护能力降低的缺陷,检/维修完毕后应立即复原安全设施。

生产设施、安全设施检/维修事故易发,检/维修前应分析检/维修风险,制定检/维修工作方案,确定风险防范措施,准备必要的检/维修物资、器材,办理高危作业许可,严格按检/维修方案展开检/维修工作,并做好检/维修记录。

(3) 生产设备设施报废

设备的安全性贯穿在设备的生命周期中,设备在设计、制造、安装、使用、检测、维修、改造、拆除和报废的每个阶段、每个环节,都应符合有关法律法规、标准规范的要求,从整体上保证和提高设备的安全性、可靠性、可维修性、经济性。

设备到货验收是下一阶段安装、使用安全的前提,不合格的设备一经安装,将给生产使用带来严重隐患,地质勘查单位应特别注重设备到货验收,检查包装有无损伤,设备的件数、名称是否与合同相符,设备技术资料(图样、使用与保养说明书、备件目录等)、随机配件、专用工具、监测和诊断仪器等是否与合同内容、技术要求相符,有无因装卸或运输保管等方面的原因而导致设备残损,设备验收合格后,相关验收人员应编写验收报告或填写验收单。

地质勘查单位应执行生产设施拆除和报废管理制度,对各类设备设施要根据其磨损、腐蚀情况和生产工艺要求,确定报废的年限,建立明确的报废规定,对不符合安全条件的设备要及时报废,防止引发生产安全事故,在组织实施生产设备设施拆除施工作业前,要制定拆除计划或方案,办理拆除设施交接手续,并经处理、验收合格。报废容器内的危险化学品应按规范处置。

《中华人民共和国安全生产法》第三十六条第二款规定:"生产经营单位生产、经营、运输、储存、使用危险物品或者处置废弃危险物品,必须执行有关法律、法规和国家标准或者行业标准,建立专门的安全管理制度,采用可靠的安全措施,接受有关主管部门依法实施的监督管理。"用于加工、储存易燃、易爆、有毒、有害危险物质的设备设施,在拆除作业过程中,稍有不慎或考虑不周就可能引发事故,将对生命财产安全造成重大损害。地质勘查单位应对拆除工作进行风险评估,针对存在的风险,制定相应防范措施和应急救援预案;按照生产设施拆除和报废管理制度,制定拆除方案,明确拆除和报废的验收责任部门、责任人及职责,确定工作程序;施工单位的现场负责人与生产装置(设备)使用单位进行施工现场交底,在落实具体任务和安全措施、办理相关拆除手续后方可实施拆除,拆除施工中,要对拆除的设备、零件、物品进行妥善放置和处理,确保拆除施工的安全。在拆除施工结束后,要填写拆除验收记录及报告。

2.7.2 实施要点

(1) 生产设备设施管理

① 建立生产设备设施管理制度;

②应为作业人员提供符合安全技术要求的设备设施;
③设备设施的安全防护必须完好。
(2)生产设备设施使用与维护
①按制度定期进行维护和保养,有效保障设备设施始终处于安全运行状态;
②建立主要设备设施的台账记录并保存。
(3)生产设备设施报废
①按制度规定及时报废已经达到报废期限的设备设施;
②作业现场严禁使用不符合安全技术要求的设备设施;
③对需要拆除的设施,应选择符合作业资格的企业进行拆除,并签订施工合同等。

2.8 地质勘查作业安全

2.8.1 理解要点

(1)作业过程管理

地质勘查作业区域分布广泛,点多线长,不同的地区作业条件千变万化。地质勘查作业包括地质调查作业,地形测绘(遥感)作业,物化探作业,钻探工程作业,坑探工程作业,浅井工程作业,槽探工程作业,工程勘察作业,地质灾害防治施工作业,水文地质、工程地质、环境地质勘查作业,岩矿测试等多种方法手段,过程管理是一项复杂的工程。作业人员要严格执行《地质勘探安全规程》等法律法规和管理制度,野外踏勘时收集工作区域有关资料,包括作业区域地理环境、气候特征及地质灾害发生情况,作业区域的民族分布、民族习俗和禁忌,当地常见病、地方病等及作业区的医疗资源。出队前要针对踏勘收集的资料和掌握的信息,编制作业安全手册,包括自然地理特征和气候条件、地质勘查工艺流程、主要危险有害因素辨识评价控制等,并对所有作业人员进行安全培训。作业过程中要根据作业类型和作业环境,合理分配作业路线和任务,分析当天野外工作任务的特点和作业过程中可能发生的危险与预防措施,做好出工线路规划、途经区域,确定大概返回时间等信息,确保紧急状态下能查阅作业信息。

在生产过程中要着重人员、设备、环境的"变化"管理。提前制定切实可行的安全对策和措施,如人员变化时项目部应及时组织学习培训。定期对异常变化进行观测分析,加强生产变化控制,从现场施工措施和施工要求上严格把关,切实提高作业过程的风险管控力度。

(2)作业环境管理

作业环境是指作业人员从事施工生产的场所各种构成要素的总和,包括生产工艺、各类设备、工位器具、操作空间、操作程序、劳动组织、气象条件等方面。作业环境对安全管理有着至关重要的影响,为作业人员提供一个良好的作业环境是地质勘查单位安全生产的重要一环。

地质勘查单位应建立作业环境管理制度,管理范围涵盖作业现场环境、作业区周边环境和安全警示标志管理等方面。

作业环境的管理内容主要包括:

①设置相应的职业危害告知警示、安全警示标志、栅栏、盖板等；
②在较固定的作业场所设置安全防护设施和措施；
③作业区布局合理；
④在固定作业场所悬挂规章制度标牌；
⑤产生放射性、粉尘和其他有害气体的作业场所，设置通风、净化过滤装置。

（3）相关方管理

相关方是指"与组织的业绩或成就有利益关系的个人或团体"，如顾客、员工、供应方、承包方、上级单位、合作伙伴、社会有关方面等。某个团体可由一个组织或其一部分或一个以上组织构成。另一狭义的理解可以认为相关方主要是指地质勘查单位的外部相关方，没有包括员工等内部相关方。在《实施指南》中的相关方主要是指外部相关方。

相关方的管理是一个复杂的过程，从选择到服务的表现直到决定是否继续合同关系，各个环节紧密相连，需要对全过程的各个阶段进行全面管理控制。

由于相关方是外部组织和人员，地质勘查单位对其影响力和控制力均有限，因此，选择合适的相关方为自己提供服务就成为首当其冲的关键步骤。通过各种方式，对相关方进行全面评估，获取充分翔实的资料和信息，建立合格相关方的目录和档案，并定期进行评估和更新，以保证其满足地质勘查单位的需要，而对地质勘查单位的安全生产不构成不良影响。不合格的相关方一定要拒之门外。

地质勘查单位应建立、健全相关方管理制度，明确相关方进入的有关门槛条件、企业管理职责和管理流程等。制度内容应有相关方含义与识别、企业及各部门对相关方的管理职责、对相关方的管理流程、对相关方的控制、指导与评价考核等。

与相关方签订安全生产协议书是管控相关方的重要手段之一，各单位应当通过安全生产管理协议互相告知本单位生产的特点、作业场所存在的危险因素、防范措施以及事故应急措施，以使各个单位对该作业区域的安全生产状况有一个整体上的把握。同时，各单位还应当在安全生产管理协议中明确各自的安全生产管理职责和应当采取的安全措施，做到职责清晰、分工明确。为了使安全生产管理协议真正得到贯彻，保证作业区域内的生产安全，各生产经营单位还应当指定专门的安全生产管理人员对作业区域内的安全生产状况进行检查，对检查中发现的安全生产问题及时进行协调、解决。在同一作业区域内进行生产经营活动的不同单位，如果一个单位发生了生产安全事故，会直接威胁着其他单位的安全生产。因此，要求在同一作业区域内进行生产经营活动、可能危及对方生产安全的生产经营单位进行安全生产方面的协作，就成为安全生产管理中的一项重要制度。

（4）安全防护与应急救生用品

地质勘查单位应建立、健全安全防护与应急救生用品管理制度，明确安全防护与应急救生用品的采购、发放、配备、使用和维护保养等程序。

安全防护用品与应急救生用品的采购、配备，应根据本单位的野外作业风险分析和《地质勘查安全防护与应急救生用品（用具）配备要求》（AQ 2049—2013），确定适合各工种的安全防护与应急救生用品。

地勘单位应定期编制年度安全防护与应急救生用品的采购计划，建立安全防护用品与应急救生用品发放台账，并定期对安全防护与应急救生用品的使用情况进行监督、检查和考核。

(5)变更

变更是指机构、人员、管理、工艺、技术、设备设施、材料、作业过程及环境等永久性或暂时性的变化,主要包括工艺技术变更、设备设施变更、管理变更等。变更会使原有的工作内容、方式、方法等发生改变,导致产生新的隐患或对原有风险的控制能力被削弱,如不及时执行有效的变更管理,容易使风险失控,导致事故发生。

变更管理是指对这些变化进行有计划的控制,消除或减少由于变更而引发的潜在事故隐患,避免或减轻对安全生产的影响。

地质勘查单位可以在单独的有关人员、机构、工艺、技术、设施、作业过程及环境的管理制度中设置涉及安全的变更内容,也可以统一建立有关人员、机构、工艺、技术、设施、作业过程及环境变更的管理制度。制度内容应完整,有管理职责分工、管理流程、管理要求,特别是安全要求,变更后的危害分析和风险控制措施等,保证对变更的全过程实施控制——审批保证其计划性,验收保证其效果,变更过程中的控制保证隐患受控。

变更管理的主要环节有变更前的审批,过程中的风险(隐患)辨识评估和控制,变更后的验收。其主要技术内容还是对变更进行风险管理,即对变更可能产生的风险进行辨识、评估和控制,确保风险清楚、受控。

变更程序一般包括变更申请、变更审批、变更实施、变更验收等。

变更申请应制定统一的变更申请表,明确变更名称、时间、变更部门和负责人、变更说明及依据、风险分析、控制措施等内容。

变更申请表填好后,应逐级上报职能主管部门和主管领导审批。职能主管部门组织有关人员按变更原因和生产的实际需要确定是否进行变更。

变更批准后,由相关职责的主管部门负责实施。实施部门应将变更的内容及时传达给相关人员,对有关人员进行培训,实施变更。变更应该在批准的范围和时限内进行,超过原批准范围和时限的任何临时性变更,都必须重新进行申请和批准。

变更实施结束后,变更主管部门应对变更情况进行验收,确保变更达到计划要求。变更主管部门应及时将变更结果通知相关部门和人员。

地质勘查单位应建立变更作业档案,将上述变更程序中的材料整理归档。

2.8.2 实施要点

(1)作业管理要点

①建立地质勘查作业安全管理制度、严格作业过程的监管;

②把人、机、环的危险有害因素,要控制在可控范围;

③在不同的环境条件下,必须按照岗位安全操作规程作业,杜绝"三违"行为;

④做好开工前的危险有害因素辨识、检查验收、安全技术交底、岗位危险有害因素告知;

⑤提高岗位达标率(应知、应会的熟知程度);

⑥在资质允许范围内从事地质勘查作业,办理项目批文、签订作业合同、在所在地进行施工备案;

⑦接受所在地县级以上安监部门的监管;

⑧项目施工设计中应有保障安全生产的方法和措施。

(2) 作业过程管理要点

①按制度规定把作业过程的各环节(项目的开工前和开工后,每天的作业前、作业中和作业后)分级监管到位,才能有效保障作业过程中的安全生产;

②按制度规定在比较固定的施工现场或办公区必须悬挂《操作规程》《岗位职责》《设备三级保养制度》《安全奖罚细则》等规章制度标牌;

③按文明施工的要求组织施工,施工现场要合理布局;

④可能产生放射性的工作区域必须为作业人员做好个体防护,对有粉尘、有毒气体作业场所必须安装通风、净化过滤装置,并保障正常运行;

⑤按制度规定在作业现场重点区域、重点部位存在危险有害因素的位置,必须在明显位置设置相关的安全警示标志和危险告知牌;

⑥有实验测试的单位对"三废"处理与排放,应符合国家标准;

⑦确保在作业过程中所开展的各项安全生产管理活动应及时、全面、真实、完整地进行记录(留下痕迹)。

(3) 作业环境管理要点

①建立作业环境管理制度、严格监管;

②不同的作业环境,存在不同的危险有害因素,加强不同作业环境的监管是安全工作的重点之一;

③应为作业人员提供符合安全生产条件的作业环境(在作业现场对所有存在危险有害因素的地方必须防护到位);

④对比较固定的作业场所的临时办公区,必须设置在安全的位置,对存在的危险隐患必须采取有效防护措施;

⑤对作业现场的安全标志必须做好日常维护;

⑥对作业区周边可能存在的危险应做好监控和预警预报,发现异常情况及时采取紧急措施;

⑦健全监管制度,明确规定,严格执行。

(4) 相关方管理要点

①建立相关方安全生产管理制度;

②评价外包单位可能带来的风险,抬高门槛、严把准入关;

③按制度规定把不具备资格、不具备安全生产条件、施工技术差、不服从管理的单位坚决拒之门外;

④对已经选定的外包单位,按制度规定必须签订施工合同或协议,明确双方的安全职责和责任;

⑤将外包单位必须纳入本单位安全生产的统一管理之中,必须做好开工前的安全培训、危险告知、检查验收、安全技术交底等工作;

⑥相关的监督检查等必须有记录、有双方签字并存档;

⑦不得以包代管或者只包不管。

(5) 劳动防护管理要点

①按制度规定配备、按时发放符合安全技术要求的劳动防护用品,并保存经领用人签字的发放记录;

②告知作业人员正确使用劳动防护用品；

③杜绝以钱代物。

(6) 变更管理要点

①建立变更管理制度；

②根据变更要求，做好施工方法、工艺的调整，对不同危险有害因素制定有针对性的防护措施，保障作业安全。

2.9 安全检查与隐患治理

2.9.1 理解要点

安全检查和隐患治理工作是安全生产工作中的一项重要专项工作。安全检查和隐患治理工作的主要依据是《安全生产事故隐患排查治理暂行规定》（安监总局令第 16 号），这是地质勘查单位开展隐患排查治理工作主要和直接的依据。

地质勘查单位应建立、健全安全检查与隐患治理制度，明确安全检查的检查部门、人员、类型、方法、内容、频次、处理要求等，明确事故隐患的分级、建档、报告、整改、监控、效果评价、资金保障等事项，并组织落实。

地质勘查单位应依据各单位实际的风险水平和安全检查与隐患治理制度的规定，建立年度安全生产检查计划，认真开展综合性安全生产检查、例行安全检查、专项安全检查等，保证安全检查的范围全面涵盖所有与生产经营相关的场所、环境、人员、设备设施和活动，确保安全检查与隐患治理的资金投入充足，使本单位存在的事故隐患和薄弱环节得到及时的排查治理。

(1) 对排查出的一般事故隐患，地质勘查单位应当分类、建档和上报，并按照"三定"（定措施、定人员、定时间）的原则，立即组织整改，并做好记录。

(2) 对排查出的重大隐患，地质勘查单位主要负责人应当组织安全生产管理、工程设备、技术人员和其他相关人员进行认定、分级和上报。地质勘查单位无条件认定、分级的，应当委托具有相关资质的安全服务机构组织专家对事故隐患进行评估，确定重大事故隐患的等级，论证和编制整改方案。

(3) 重大隐患的治理，应当做到"五到位"，即整改措施到位、资金到位、期限到位、责任人到位、应急预案到位。

地质勘查单位应当建立事故隐患排查治理档案，及时对排查治理出的事故隐患，逐条登记、建档，并使用省推荐使用的安全生产信息系统进行统计，每季度对隐患成因、治理情况和采取的措施进行分析，有针对性地提出改进措施。统计分析情况应经主要负责人签名后报县级以上安全生产监督管理部门和有关部门。

2.9.2 实施要点

(1) 安全检查

①建立安全检查与隐患治理管理制度。

②按制度规定定期开展各项安全检查。

③检查按频次要求、范围要求、参加人员要求、时限要求,检查有记录,交换意见有记录,检查结束有总结、有情况通报,做好记录并保存。

④检查形式、频率、范围、内容、参加人员应符合制度规定。

⑤综合性检查有部署、有过程、有总结、有情况汇报、有会议记录、有情况通报(亮点与隐患)。

⑥专项检查有过程、有总结、有情况通报。

⑦要保障检查记录的及时性、全面性和真实性。

⑧相关台账资料整理要规范、归档要及时。

⑨不同的检查对象有不同的检查重点,结合实际抓重点、讲求实效:

a. "三违"行为(违章指挥、违章操作、违反劳动纪律);

b. 个体防护(劳动防护用品的质量、发放、培训、使用与维护);

c. 安全教育培训(相关安全教育培训记录、特殊工种持证);

d. 安全投入(费用足额及时计提、规范合理使用和台账记录);

e. 检查与隐患治理(检查频次(自查与被查)、检查记录(自查与被查)、隐患整改的及时性和有效性);

f. 设备、设施安全性(主要设备台账和检维修记录,特种设备检测、维护保养记录,设备设施的现场防护措施);

g. 危险作业的保护措施(2 m以上的高空作业个体防护措施);

h. 作业场所的危险因素辨识、防范措施等(危险因素辨识登记表和对应的防护措施、安全检查验收记录、安全技术交底记录、岗位危险告知记录、现场重点部位的安全防护、安全警示标志);

i. 参加检查的人员必须经过检查前培训,以保障检查内容、范围、要求各检查组保持一致性,检查结果才有可比性、公正性、合理性;

j. 检查结束后,检查者与被检查者应交换意见,肯定亮点、指出不足,双方应在检查表或隐患整改通知书上签名、交换意见,且双方都应有详细记录;

k. 检查制度在执行过程中的有效性(职能部门之间配合的默契性,各二级单位的积极主动性);

l. 检查各项安全生产管理制度的执行力(有制度、有要求、有落实、有成效)。

(2)隐患治理

①建立隐患治理管理制度和隐患治理台账。

②发现不能立即整改的隐患,必须下达"隐患整改通知",明确五定原则(定人员、定时间、定责任、定费用、定措施)。

③对可能造成生产安全事故的较大隐患整改必须下达停工令。

④隐患整改"不讲条件、只讲实效",按要求整改到位、验收到位。

⑤检查过程中的有效性(检查者履职能力、发现问题的准确性、解决问题的针对性、指导工作的及时性)。

⑥发现隐患必须及时整改,杜绝因隐患整改不及时造成伤亡事故的发生。

2.10 职业健康

2.10.1 理解要点

地质勘查单位作为职业危害防治的责任主体,必须贯彻执行《中华人民共和国安全生产法》《中华人民共和国职业病防治法》《中华人民共和国尘肺病防治条例》《使用有毒物品作业场所劳动保护条例》《作业场所职业健康监督管理暂行规定》《作业场所职业危害申报管理办法》《工业地质勘查单位设计卫生标准》《工作场所有害因素职业接触限值 第1部分:化学有害因素》《工作场所有害因素职业接触限值 第2部分:物理因素》《工作场所职业病危害警示标识》《职业健康监护技术规范》等法律法规、标准规范的要求,加强作业场所的职业危害防治工作,采取有效措施,保障从业人员的职业健康。

地质勘查单位应建立健全从业人员职业健康管理制度,包括:
(1)职业危害防治责任制度;
(2)职业危害告知制度;
(3)职业危害申报制度;
(4)职业健康宣传教育培训制度;
(5)职业危害防护设施维护检修制度;
(6)劳动防护用品管理制度;
(7)职业危害日常监测管理制度;
(8)职工健康体检制度;
(9)职业健康监护档案管理制度;
(10)岗位职业健康操作规程;
(11)法律、法规、规章规定的其他职业危害防治制度。

地质勘查单位为劳动者提供的工作环境和工作条件,应符合国家职业卫生标准和健康要求:
(1)生产布局合理,有害作业与无害作业分开;
(2)作业场所与生活场所分开,作业场所不得住人;
(3)有与职业危害防治工作相适应的有效防护设施;
(4)职业危害因素的强度或者浓度符合国家标准、行业标准;
(5)法律、法规、规章和国家标准、行业标准的其他规定。

地质勘查单位应分析单位实际情况,编写职业病危害清单,并采取相应的工程、管理、个人防护等方面的防控措施。职业病危害防治设施、工具包括除尘器、净化器、通风设施、消声器、隔声罩、事故中和池、冲洗喷淋装置、洗眼器、更衣间、洗浴间等卫生设施。

当工程技术措施难以使作业场所有害因素的浓度或强度降至有害因素职业接触限值以下时,地质勘查单位应当针对不同的职业危害因素,为劳动者配备防尘、防毒、防噪等方面的个体防护用品。地质勘查单位为劳动者个人提供的职业病防护用品必须符合防治职业病的要求;不符合要求的,不得使用。《劳动防护用品配备标准(试行)》(国经贸安全〔2000〕189

号)、《个体防护装备选用规范》(GB 11651—2008)、《呼吸防护用品的选择、使用与维护》(GB/T 1864—2002)等标准对个体防护用品的选用配备等给出了具体的要求。

地质勘查单位应当建立健全工作场所职业病危害因素监测及评价制度,按照有关规定,定期对工作场所进行职业危害因素检测、评价。检测、评价结果存入用人单位职业卫生档案,并在醒目位置设置公告栏,公布工作场所职业危害因素检测结果。

地质勘查单位应建立健全职业卫生档案和劳动者健康监护档案。职业健康监护是以预防为目的的,根据劳动者的职业接触史,通过定期或不定期的医学健康检查和健康相关资料的收集,连续性地监测劳动者的健康状况,分析劳动者健康变化与所接触的职业病危害因素的关系,并及时地将健康检查和资料分析结果报告给用人单位和劳动者本人,以便及时采取干预措施,保护劳动者健康。职业健康监护主要包括职业健康检查和职业健康监护档案管理等内容。职业健康检查包括上岗前、在岗期间、离岗时和离岗后医学随访以及应急健康检查。职业健康监护档案应当包括劳动者的职业史、职业病危害接触史、职业健康检查结果和职业病诊疗等有关个人健康资料。

对于可能发生急性职业危害的有毒、有害工作场所以及存储设备设施,地质勘查单位应当设置报警装置,制定应急预案。如在产生硫化氢、一氧化碳、氯气等有毒有害气体并可能引发急性职业危害事故的作业场所设置报警仪,并针对可能发生急性职业危害的有毒、有害工作场所以及存储设备设施等,制定突发事故应急预案。应急预案应包括应急救援组织机构和人员职责、应急措施、人员撤离路线和疏散方法、财产保护对策、事故报告途径和方式、预警设施、应急防护用品及使用指南、医疗救护等内容。

对放射性工作场所和放射性同位素的运输、贮存,用人单位必须配置防护设备和报警装置,保证接触放射线的工作人员佩戴个人剂量计。对于可能发生急性职业危害的有毒、有害工作场所,地质勘查单位应当配置现场急救用品、设备,如急救箱、呼吸器、中和池、洗眼器、冲洗设备、防化服等,并设置突发事故应急撤离通道,日常保持畅通;同时,对可能产生有毒有害介质泄漏的装置要设置必要的泄险区,防止次生事故的发生。

各种防护器具应定点存放在安全、便于取用的地方,实行"四定管控",即"定置摆放、定人管理、定期校验、定期维护"。

对职业危害防护设备、应急救援设施、现场急救用品以及个体防护用品,地质勘查单位应当进行经常性的维护、检修,定期检测其性能和效果,确保其处于正常状态。

2.10.2 实施要点

(1)为从业人员提供整洁卫生的作业、生活环境;
(2)无新增职业病患者;
(3)对特殊岗位从业人员应进行岗前、岗中、岗后体检并建立健康档案;
(4)对职业病患者应定期治疗和复查;
(5)建立职业病档案和职工健康档案,并存档。

2.11 应急救援

2.11.1 理解要点

为做好安全生产事故应急救援工作,建立统一指挥、职责明确、运转有序、反应迅速、处置有力的应急救援体系,最大限度地减少人员伤亡和地质勘查单位财产损失,地质勘查单位应建立事故应急救援制度。

安全生产应急管理是安全生产工作的重要内容,地质勘查单位必须根据其事故应急救援制度建立安全生产应急管理机构,明确职责。

地质勘查单位的应急救援机构和队伍是地质勘查单位应急管理和生产安全事故应急救援的基础力量,是应急体系的重要组成部分,同时也是各类突发事件抢险救灾的重要力量。危险物品的生产、经营、储存单位以及矿山、建筑施工单位应当建立应急救援组织;生产经营规模较小,可以不建立应急救援组织的,应当指定兼职的应急救援人员,并与邻近专职安全生产应急队伍签订应急救援协议。

应急预案是地质勘查单位应急管理工作的主线,是针对可能发生的事故,为迅速、有序地开展应急行动而预先制定的行动方案。地质勘查单位生产安全事故应急预案是国家生产安全应急预案体系的重要组成部分。制定地质勘查单位生产安全事故应急预案是贯彻落实"安全第一、预防为主、综合治理"方针,规范应急管理工作,提高应对和防范风险与事故的能力,保证职工安全健康和公众生命安全,最大限度地减少财产损失、环境损害和社会影响的重要措施。

各地质勘查单位要针对本地质勘查单位的事故隐患,根据有关法律、法规和生产经营单位生产安全事故应急预案编制导则并根据实际需要编制相应的应急预案。预案内容要简明、管用、注重实效,有针对性和可操作性。地质勘查单位要在预案中明确可能发生事故的具体应对措施。按照针对情况的不同,分为综合应急预案、专项应急预案和现场处置方案。

对于某一种类的风险,地质勘查单位应当根据存在的重大危险源和可能发生的事故类型,制定相应的专项应急预案。专项应急预案应当包括危险性分析、可能发生的事故特征、应急组织机构与职责、预防措施、应急处置程序和应急保障等内容。

对于危险性较大的重点岗位,地质勘查单位应当制定重点工作岗位的现场处置方案。现场处置方案应当包括危险性分析、可能发生的事故特征、应急处置程序、应急处置要点和注意事项等内容。

地质勘查单位编制的综合应急预案、专项应急预案和现场处置方案之间应当相互衔接,并与所涉及的其他单位的应急预案相互衔接。地质勘查单位应急预案同时应与所在地政府相关预案进行衔接。

关于应急预案备案方面,地质勘查单位应急预案应按照"分类管理、分级负责"的原则报当地政府主管部门和上级单位备案,并告知相关单位。

应急预案备案的主要目的是让有关部门掌握单位应急预案编制情况,通过形式审查,保证应急预案层次结构清晰、内容完整、格式规范、编制程序符合规定,所作的规定和要求合法,并能够与政府有关部门的应急预案有效衔接。

应急预案中明确的职责、程序、措施以及队伍、装备、物资等资源涉及的地质勘查单位管辖权限以外的单位,均属于"有关应急协作单位"。地质勘查单位的应急预案正式发布后,除内部学习贯彻外,还要及时通报这些协作单位,以便其掌握、执行。

各地质勘查单位要加大对应急能力建设的投入力度,使人力、物力、财力等生产要素适应应急管理工作的要求,做到应急管理与地质勘查单位发展同步规划、同步实施、同步推进。要切实加大对应急物资的投入,制定应急物资保障方案,重点加强防护用品、救援装备、救援器材的物资储备,做到数量充足、品种齐全、质量可靠。有条件的地质勘查单位要加强应急管理的信息化建设,配备必要的设备,逐步实现与有关部门数据信息的互联互通。

地质勘查单位应根据应急预案和事故应急处置的要求,建立应急设施、配备应急装备、储备应急物资。具体依据主要包括:一是相关行业的建设工程设计规范;二是相关行业和地质勘查单位的作业规程、操作规程;三是有关安全生产和应急的规程、规范、标准;四是地质勘查单位应急预案;五是应急救援队伍装备配备的有关标准。地质勘查单位应当对照上述依据建立应急设施、配备应急装备、储备应急物资,并建立使用状况档案,定期检测和维护,使其处于良好状态。

由于应急设施、装备和物资种类较多,使用和管理的主体不一,地质勘查单位应当澄清底数,按照有关规定分门别类建立健全管理制度,明确管理责任和措施,并严格依照制度对应急设施、装备和物资进行经常性检查、维护、保养,确保其完好、可靠,满足有关应急预案实施的需要。

地质勘查单位安全生产事故应急预案演练是应急准备的一个重要环节。通过演练,可以检验应急预案的可行性和应急反应的准备情况。通过演练,可以发现应急预案存在的问题,完善应急工作机制,提高应急反应能力。通过演练,可以锻炼队伍,提高应急队伍的作战力,熟悉操作技能。通过演练,可以教育广大员工增强危机意识,提高安全生产工作的自觉性。

应急预案演练结束后,应急预案演练组织单位应当对应急预案演练效果进行评估,撰写应急预案演练评估报告,分析存在的问题,并对应急预案提出修订意见。

事故发生后,应按照"统一指挥、分级负责、属地为主、专业处置"的原则迅速、准确、有序和有效地开展应急处置与救援工作。

生产经营单位发生事故后,应当及时启动应急预案,组织有关力量进行救援,并按照规定将事故信息及应急预案启动情况报告安全生产监督管理部门和其他负有安全生产监督管理职责的部门。

快速、有序且高效地处置事故需要应急救援系统中各个组织机构的协调努力。重大事故一旦发生,应立即启动相应的应急响应程序。重大事故应急响应程序包括接警与响应级别确定、应急启动、救援行动、应急结束四大步骤。

(1)接警与响应级别确定

接到重大事故报警后,按照工作程序对事故严重程度做出判断,初步确定响应等级。

事故报警和支援请求的报告原则上按照分级响应的原则逐级上报,必要时,在逐级上报的同时可以越级上报。

(2)应急启动

应急响应等级确定后,按应急预案的规定,采取相应的响应行动,如通知应急指挥机构有关人员到位、开通信息与通信网络、调配救援所需的应急资源、成立事故现场应急指挥部等。

(3) 救援行动

事故发生单位的应急救援机构进入应急状态,根据事故抢险的需要,动用一切可以动用的应急资源开展应急行动,包括对危险区域实行警戒和人员疏散,应急队伍进入事故现场开展人员救助、工程抢险等工作。专家组为救援决策提供建议和技术支持。当已经或预计到无法控制或处置事故时,应立即向政府应急救援指挥机构提出支援请求。

各级地方政府安全生产应急管理与协调指挥机构根据事故抢险的需要有权调动辖区内的各类应急资源实施救援。需要调动辖区以外的应急资源时须报请上级政府安全生产应急管理与协调指挥机构协调。

(4) 应急结束

现场应急抢险工作结束后,由事故应急救援总指挥宣布现场应急抢险工作结束。此后,进入应急响应的最后阶段,包括现场清理、人员清点和撤离、警戒解除、善后处理和事故调查等。

事故应急救援的基本任务主要有:抢救受害人员;控制危险源;指导群众防护,组织群众撤离;清理现场,消除危害后果。

2.11.2 实施要点

(1) 应急管理要点

① 建立应急救援管理制度;
② 结合本单位生产实际,建立应急机构和应急救援队伍;
③ 成立应急救援队伍的单位应定期进行相应的培训和演练,并保存培训和演练记录。

(2) 应急体系要点

① 健全应急预案体系(综合应急预案—专项应急预案—现场处置方案);
② 预案的编制应规范、依据充分、内容合理,危险有害因素辨识评价符合本单位安全工作实际,机构健全,有预警预防和保障措施,分级响应明确,评审、发布、培训、演练符合要求,并在当地安监部门备案。

(3) 应急演练要点

① 按制度规定定期开展应急演练(作业现场演练和桌面推演);
② 通过演练、应急反应程序和参加演练人员的应急反应能力等综合评价,提出改进和完善的意见;
③ 制定分级响应程序(大队、分队或项目部);
④ 按应急预案应急分级响应的要求,当接到事故报告时,必须快速响应。

2.12 事故报告、调查与处理

2.12.1 理解要点

(1) 事故报告

地质勘查单位应当建立事故报告制度。在事故发生时,地质勘查单位必须开展相应的应急行动,以减少事故损失和防止事态扩大,同时也必须向有关机构、上级、政府有关部门报告,以通报情况和求得救援,并妥善保护事故现场及有关证据。

《中华人民共和国安全生产法》《生产安全事故报告和调查处理条例》《生产安全事故信息报告和处置办法》等法律法规都对事故报告作出了专门的规定,从报告的主体、内容、程序至时限等都作出了具体的要求。其中《生产安全事故信息报告和处置办法》是生产经营单位报告生产安全事故信息方面的主要依据,不仅发生了事故要报告,对较大涉险事故也要按同等要求报告。

(2)事故调查与处理

企业一旦发生事故,应按照规定由地方政府组织的事故调查组进行调查,或者受县级人民政府委托,成立事故调查组,组织事故调查。事故调查组履行下列职责:查明事故发生的经过、原因、人员伤亡情况及直接经济损失;认定事故的性质和事故责任;提出对事故责任者的处理建议;总结事故教训,提出防范和整改措施;提交事故调查报告。

特别重大事故由国务院或者国务院授权有关部门组织事故调查组进行调查。重大事故、较大事故、一般事故分别由事故发生地省级人民政府、设区的市级人民政府、县级人民政府负责调查。省级人民政府、设区的市级人民政府、县级人民政府可以直接组织事故调查组进行调查,也可以授权或者委托有关部门组织事故调查组进行调查。未造成人员伤亡的一般事故,县级人民政府也可以委托事故发生单位组织事故调查组进行调查。

地质勘查单位的事故调查权限是:未造成人员伤亡的一般事故,县级人民政府也可以委托事故发生单位组织事故调查组进行调查。这样地质勘查单位成立事故调查组就有两个作用,一是对于未造成人员伤亡的一般事故,受县级人民政府的委托进行事故调查;二是在政府调查组行使调查权之外,配合其调查,起到协助的作用,还可以进行内部自身的调查,但其调查结果并无效力,只起到辅助的作用。

事故调查的任务是查明"前因后果",前因包括直接原因和间接原因,后果包括人员伤亡和财产损失等情况以及相关责任。这就要对事故类别、受伤部位、受伤性质、起因物和致害物、伤害方式、不安全状态和不安全行为伤害程度等进行分析,判定事故的性质(即是否责任事故),得出事故的直接原因和间接原因,确定事故责任。

事故调查的结果应形成完整的事故报告和相应的记录,报告中应明确对事故责任者的处理建议,并由相关机构和部门落实。整改措施要有针对性和实用性,在事故后要按规定的期限进行有效实施,并对其效果进行跟踪确认。

事故调查处理形成的文件、记录等材料应妥善存档保存。

(3)事故回顾

发生生产安全事故后,企业要根据国家有关法律法规组织对事故进行调查与处理,并追究有关责任人的责任。事故的处理要严格做到"四不放过",就是要从已发生的事故中吸取教训,举一反三,完善防范措施,防范类似事故发生。因此,生产经营单位要定期对本单位的事故和其他单位的有关事故进行收集、整理和分析,组织广大职工进行学习,从血的事故中吸取教训,得到警示,得到启示。

2.12.2 实施要点

(1)按制度规定,当发生事故时,应及时报告(不瞒报、不迟报、不漏报)。

（2）事故调查：查明事故经过、原因、伤亡情况、经济损失，并按"四不放过"原则提出处理意见。

（3）建立事故档案，并保存。

（4）定期做好事故回顾，教育职工增强防范意识，避免同类事故的重复发生。

2.13 绩效评价与持续改进

2.13.1 理解要点

（1）绩效评价

安全生产标准化，是以隐患排查治理为基础。绩效，应是对隐患排查的情况及治理成效的具体分析，不能简单理解为或等同于地质勘查单位或各部门每年所发生的伤亡情况。一个单位、一个部门连续几年未发生过任何伤亡事故，不代表其安全生产标准化管理的绩效就肯定好。将伤亡情况当作唯一的绩效，是中国多年来许多地质勘查单位的恶习，在安全生产标准化工作中须加以彻底改进。

绩效评价的目的对安全生产工作中所实施和采取的各种措施（包括管理和技术等方面）的适宜性、充分性和有效性进行验证。

各项安全生产制度措施的适宜性、充分性、有效性的评价，应从以下角度加以关注。

①适宜性：所制定的各项安全生产制度措施是否适合地质勘查单位的实际情况，包括规模、性质和安全健康管理的特点；所制定的安全生产工作目标、指标及其在地质勘查单位内部能得以落实的方式是否合理，具备可操作性；与地质勘查单位原有的管理制度相融合的情况，包括与原有的其他管理系统是否兼容；有关制度措施是否适合地质勘查单位员工使用，是否与他们的能力、素质等相配套。

②充分性：各项安全管理的制度措施是否满足了《实施指南》的全部管理要求；所有的管理措施、管理制度能否确保 PDCA 管理模式的有效运行；与相关制度措施相配套的资源，包括人、财、物等是否充分；对相关方的安全管理是否有效。

③有效性：能否保证实现地质勘查单位的安全工作目标、指标；是否以隐患排查治理为基础，对所有排查出的隐患实施了有效治理与控制；对重大危险源能否实施有效的控制；通过制度、措施的建立，地质勘查单位的安全管理工作是否符合有关法律法规及标准的要求；通过安全标准化相关制度、措施的实施，地质勘查单位是否形成了一套自我发现、自我纠正、自我完善的管理机制；地质勘查单位员工通过安全生产标准化工作的推进与建立，是否提高了安全意识，并能自觉地遵守与本岗位相关的程序或作业指导书的规定等。

地质勘查单位负责人每年至少组织一次绩效评价工作，并考虑适当的周期间隔，相邻两次评价之间应有足够长的时间。单位负责人应把握好评价依据及相关信息的准确性，并组织相关人员对上述的适宜性、充分性、有效性进行认真分析，得出客观评价结论，并把评价结果向所有部门、全体员工通报，让他们清楚本地质勘查单位一段时期内安全管理的基本情况，了解安全生产标准化工作在本地质勘察单位推行的主要作用、亮点及存在的主要问题，以利于下一步更好地开展安全生产标准化工作。评价结果同时作为考评相关部门、相关人员一定时期内安全管理工作成效的一个重要依据。

绩效评价的对象是地质勘查单位和所属二级单位或项目部的安全生产标准化工作的实施情况,即地质勘查单位安全生产工作的各个方面,包括《实施指南》中所涉及的一般要求和13个核心要求的内容。

绩效评价的依据是《实施指南》和与之配套的《评分办法》,以及法律法规和标准规范,还有地质勘查单位内部的各项规章制度和操作规程等。

绩效评价的方式是开展一次全面而系统的自我评价,即通过对13个核心要求的执行情况按照《评分办法》的内容逐项核对并打分,最后统计总分。这种方式与管理体系的内部评价有异曲同工之处,不同的只是绩效评价最终以分数说话,打分是其评价的基本方法。重点是评价安全生产目标、指标的完成情况,发现、分析、纠正评价工作中发现的各个问题。

绩效评价的结果应形成正式文件,向所有部门、所属单位和从业人员通报,作为年度考评的重要依据,年度绩效评价报告经公示后呈报上级管理部门。从这点可以看出,评价之后的工作必然是安全生产年度业绩考核,而绩效评价就是年度考核的重要输入。

绩效评价工作除了定期(年度)开展以外,在地质勘查单位发生人员死亡事故后应增加评价。

(2)持续改进

①地质勘查单位安全生产标准化工作持续改进的体现:安全绩效的不断提高。

②持续改进的前提条件:绩效评价。

③持续改进工作的主要输入信息:绩效评价的结果和安全生产预警指数。

④持续改进的主要对象:安全生产目标、指标、规章制度、操作规程等安全生产工作的依据。

⑤持续改进的方法:修改完善。

2.13.2 实施要点

(1)建立安全生产标准化运行绩效评价管理制度。

(2)每年至少开展一次评价。

(3)分级进行(从下至上依次进行,机台班组→项目部→分队→大队)。

(4)成立绩效评价自评小组,由单位主要负责人担任组长,各业务部门和二级单位负责人为小组成员,明确职责要求、分工负责,按要素逐项评价,形成自评报告。

(5)本着实事求是的原则,发现亮点、找出不足,提出持续改进的措施意见;充分发挥工作亮点的感召力,以点带面全面推广,对不足之处及时进行整改与完善,保证提出持续改进的好方法、好措施、好意见能够得到有效实施。

第3章　地勘单位安全生产标准化建设

3.1　地勘单位安全生产标准化建设概述

3.1.1　地勘单位安全生产标准化创建对象

依法从事金属非金属矿产资源勘查、基础地质、环境地质、地质科学研究等活动的企（事）业单位。主要包括地质测量、地形测绘（遥感）、物化探勘查、钻探、坑探、浅井、槽探、地质工程勘察、地质灾害防治、水文地质、工程地质、环境地质、农业地质、城市地质、旅游地质勘查作业和岩矿测试等。

3.1.2　地勘单位安全生产标准化建设原则

地勘单位安全生产标准化体系的建设，应注重科学性、规范性和系统性，立足于危险有害因素辨识和风险评价控制，充分体现风险管理和事故预防的理念，并与地勘单位现有管理体系有机结合。

安全生产标准化的建设，应确保全员参与，通过有效方式实现信息的交流和沟通，反映地质勘查单位自身生产作业特点及安全绩效的持续改进和提高。

3.1.3　地勘单位安全生产标准化建设依据

(1)《中华人民共和国安全生产法》
(2)《金属非金属矿产资源地质勘查单位安全生产标准化评分办法》
(3)《金属非金属矿产资源地质勘查单位安全生产标准化实施指南》
(4)《安全生产费用提取和使用管理办法》
(5) GB 2893—2008《安全色》
(6) GB 2894—1996《安全标志》
(7) GB/T 11651—2008《个体防护装备选用规范》
(8) AQ 2004—2005《地质勘探安全规程》
(9) GB/T 33000—2016《企业安全生产标准化基本规范》
(10) AQ 2049—2013《地质勘查安全防护与应急救生用品(用具)配备要求》
(11) GB/T 29639—2013《生产经营单位生产安全事故应急预案编制导则》
(12) JGJ 46—2005《施工现场临时用电安全技术规范》
(13) GB 6067—2010《起重机械安全规程》

3.2 地勘单位安全生产标准化建设流程及工作计划进度

3.2.1 地勘单位安全生产标准化建设流程

企业注册申请→与咨询机构签订合同→咨询机构提供标准→准备阶段→宣传贯彻培训阶段→法律法规、部门规章、标准识别与获取→安全生产管理制度与操作规程的修订与完善→策划与风险分析→应急体系的建立、评审、备案→安全生产基础管理台账的建立→企业内部评审员、内审员的培训取证→过程检查、初评→企业自评→编制自评报告→企业向政府(安监部门)申请评审→组织评审→由评审机构编制评审报告→政府(安监部门)组织专家审核与现场验证→合格后公示公告→颁证与授牌→持续改进与提高。

3.2.2 工作计划与进度

工作计划与进度见表3-1。

表3-1 安全生产标准化创建工作进度表

实施阶段	工作内容	时间要求	工作形式	责任单位或责任人
一、准备	1. 成立创建领导小组			
	2. 制定安全生产标准化创建实施方案			
	3. 确定咨询考评机构			
	4. 确定创建小组和内审员、评审员			
二、宣传贯彻培训	1. 派员参加安监部门的培训			
	2. 中高层领导宣贯培训			
	3. 自评员培训动员			
	4. 班组长及骨干培训动员			
	5. 召开动员大会			
三、初始状态自评或请中介初始评审	1. 确定初始状态评审方案			
	2. 过去发生的事故、事件的收集和整理			
	3. 法律法规的收集和整理			
	4. 整理现行规章制度/管理标准/技术标准/操作规程/工作记录和报表			
	5. 整理主要设施、设备清单;整体情况概述、机构设置、组成;工艺流程资料及其职员状况、供应商、承包商管理情况等			
	6. 制定改进措施与管理方案			
	7. 汇总初始状态总结报告			
四、策划及风险分析	1. 编制风险分析作业指导书,确定评价准则,选择合适的评价方法,识别危害,评估风险,确定预防和控制措施			
	2. 进行风险分析培训			

续表

实施阶段	工作内容	时间要求	工作形式	责任单位或责任人
	3. 编制法律法规获取、识别制度,进行相关法律法规的识别,把相关条款落实到具体部门和岗位			
	4. 制定安全生产计划和安全目标			
	5. 核实各部门、各单位的危险识别及风险评价结果,确保整个风险评价的系统性和一致性			
	6. 编制和完善安全生产标准化现场检查表			
五、管理制度修订、完善、编制	1. 文件编写培训			
	2. 根据现行的安全生产管理制度,结合公司的要求,修订、完善、编制安全生产管理制度			
	3. 文件审稿			
	4. 文件定稿			
	5. 文件发布			
六、自评	1. 自评员根据自评表组织自评			
	2. 根据自评结果提出整改措施			
	3. 整改复查			
	4. 编写自评报告			
七、材料准备与申请考评	1. 企业法人营业执照			
	2. 行业上有强制要求的资质证书和行政许可复印件			
	3. 企业简介			
	4. 生产/服务主要过程的流程图			
	5. 地理位置图及厂区平面示意图			
	6. 主要生产设备和检测设备清单			
	7. 安全生产标准化管理制度清单			
	8. 自评报告			
	9. 重大风险清单			
	10. 重大危险源清单			
	11. 企业组织机构设置图			
八、评审机构组织考评与评审	1. 确定考评时间			
	2. 实施考评			
	3. 考评和评审报告			
九、专家组织现场验证	由发证单位委托专门机构组织专家到被考评单位进行现场验证	内业台账		
		作业现场		
十、公示、发证与授牌	1. 公示			
	2. 发证与授牌			
十一、持续改进	1. 组织自评和管理评审,按照PDCA循环不断改进管理体系			
	2. 接受考评机构监督和复核			

3.2.3 准备与策划

3.2.3.1 成立创建领导小组

安全生产标准化创建之初,要成立安全生产标准化创建工作领导小组,由行政第一责任人担任组长,党委书记和分管领导担任副组长,其他班子成员及各部门负责人为成员,下设创建办公室,由安全管理部门负责人担任办公室主任。按要求明确各自的职责和义务。并以红头文件下发各单位和各部门。

3.2.3.2 制定安全生产标准化创建实施方案

成立安全生产标准化创建工作领导小组后,由安全生产标准化创建办公室负责编制安全生产标准化创建实施方案。明确工作方案、组织机构及职能(成立安全生产标准化创建领导小组和安全生产标准化创建工作小组)、创建步骤、创建内容、创建时间安排、创建工作要求及详细工作计划。实施方案应以红头文件下发。实施方案的内容见以下示例。

安全生产标准化创建实施方案(示例)

为了深入贯彻落实《国务院关于进一步加强安全生产工作的决定》,落实安全生产责任制,改善公司安全生产条件,控制安全生产风险,提高安全管理水平,按照《湖北省地质勘查单位安全标准化考核评定标准》的要求,根据本单位的实际情况,特制定本安全生产标准化建设实施方案。

一、工作目标(略)

二、组织机构及职责

为了更好地推进地勘院安全生产标准化创建工作,成立创建安全生产标准化工作领导小组。

(一)领导小组组成人员

组　　长:(略)

副组长:(略)

成　　员:(略)

(二)安全生产标准化创建工作小组人员名单(略)

注:领导小组下设办公室,办公室设在安全生产部,负责日常具体工作。安全生产部部长任办公室主任。

(三)领导小组职责(略)

(四)办公室职责(略)

三、活动的步骤、内容和时间安排

创建安全生产标准化活动从××××年××月××日开始,至××××年××月××日结束。共分四个阶段:

(一)部署阶段(略)

(二)宣传阶段(略)

(三)动员阶段(略)

(四)推进实施阶段

1. 组织员工学习《企业安全生产标准化基本规范》《金属非金属矿产资源地质勘查单位

安全生产标准化评分办法》和《金属非金属矿产资源地质勘查单位安全生产标准化实施指南》,全面掌握评级标准和评分方法。

2. 建立和完善规章制度阶段(略)

3. 隐患排查阶段(略)

4. 隐患整改阶段(略)

5. 自查自评阶段(略)

6. 接受审查阶段(略)

四、工作要求(略)

附:安全生产标准化创建实施计划

安全生产标准化创建实施计划(方案)

阶段	时间	工作目标	工作内容
职责分工	2012年1月10日前	明确职责和分工,建立奖惩机制	
宣传贯彻阶段	2012年1月10日至1月31日	实现全员的安全生产标准化宣传培训教育	
资料准备阶段	2012年2月至4月	建立健全管理程序,完善各项管理制度和标准	
运行阶段	2012年4月至10月	逐项落实安全管理制度和标准的要求	
自评阶段	2012年7月至10月	检验标准化实施情况	
申报阶段	2012年11月至12月	具备验收条件	

3.2.3.3 确定咨询机构

确定咨询机构,并与之签订《安全生产标准化咨询服务合同》,确定双方联络人和项目负责人。

3.2.3.4 成立创建自评工作小组,内审员或评审员培训取证

成立安全生产标准化创建工作小组,具体负责实施安全生产标准化创建工作,工作小组人员应涵盖各层级人员,其中至少有1人具备注册安全工程师资格,成员中至少有2名取得安全生产标准化内审员、评审员或安全生产标准化培训合格证书的人员。

3.2.4 实施与运行

3.2.4.1 宣贯阶段

(1)派员参加上级部门组织的安全生产标准化知识培训

从安全生产标准化创建工作小组中派骨干参加上级机构或部门组织的安全生产标准化知识培训,以便获取安全生产标准化创建有关法律法规、标准等知识,培养安全生产标准化创建工作骨干,以便指导本单位的安全生产标准化创建工作。培训现场如图3-1所示。

图 3-1　参加上级安全标准化创建培训班

(2)企业内部全员宣贯培训

由参加上级部门组织的安全生产标准化创建培训合格的同志或聘请外部专家、老师对企业内部的全体人员进行宣贯培训,全员参与。培训分全员动员大会,各单位负责人、部门主要负责人及骨干、项目部、班组人员培训。如图 3-2 所示。培训的主要内容有安全生产标准化创建相关法律法规及政策,安全生产标准化创建组织工作流程,安全生产标准化创建依据的规范标准,安全生产标准化创建实务,安全生产标准化创建的评定标准、评审程序、现场验证及安全生产标准化创建的意义、作用、实施步骤、过程控制等相关内容。

图 3-2　院(公司)级安全标准化创建培训班

(3)自评员(内审员或评审员)取证培训

按照相关要求,派有资格的人员参加当地政府部门或协会组织的有关内审员或评审员的资格培训,以便企业内部能及时组织自评并编写自评报告,满足自评能力要求。如图 3-3 所示。

3.2.4.2　初始状态自评及初始评审阶段

此阶段的工作可以委托中介咨询机构完成,也可以由企业自身完成,主要工作内容有:①确定初始状态评审方案;②以往发生过的生产安全事故、事件的收集和整理;③法律法规的识别、收集与整理;④现行的规章制度、管理标准、技术标准、操作规程的整理;⑤主要设备设施清单整理及主要设备设施整体情况概述,安全管理机构的设置及人员的配备,施工工艺流程及员工状况,供应商、承包商管理情况等;⑥制定改进措施与管理方案;⑦汇总初始状态总结报告等。这阶段的工作主要是一个创建过程中企业内部前后工作的对比,通过安全生产标准化创建工作,发现取得哪些进步、需要在哪些方面完善,使安全生产标准化创建工作有针对性地进行。

图 3-3　内审员和评审员培训

3.2.4.3　策划与风险分析

3.2.4.3.1　编制风险分析作业指导书,确定评价准则,选择合适的评价方法,识别危害因素,评估风险,确定预防和控制措施,编制应急预案

根据初始状态的自评结果,按照安全生产标准化创建的有关要求,编制风险分析指导书,确定风险评价方法,结合企业自身实际,选用适合本企业的评价准则。根据以往经验和地勘单位的实际情况,通过调研,进行风险评价,地勘单位一般都采用作业安全分析表结合 LEC 评价法来进行危险因素的识别、评价,然后针对评价结果,采取相应的预防与控制措施,并依据重要危险因素编制应急预案。

(1)编制风险评价作业指导书,确定风险评价准则和评价方法

根据初始状态自评结果及编制的风险评价作业指导书,按照《企业职工伤亡事故分类标准》(GB 6441—86)中的事故类别与伤害方式,结合 LEC 评价法找出作业过程中的危险因素,并按危险程度制定相应的防控措施。

《企业职工伤亡事故分类标准》中的事故类别有物体打击、车辆伤害、机械伤害、起重伤害、触电、淹溺、灼烫、火灾、高处坠落、坍塌、冒顶片帮、透水、放炮、火药爆炸、瓦斯爆炸、锅炉爆炸、容器爆炸、其他爆炸、中毒和窒息、其他伤害 20 种形式。

《企业职工伤亡事故分类标准》中的伤害方式有碰撞(人撞固定物体、运动物体撞人、互撞)、撞击(落下物、飞来物)、坠落(由高处坠落平地,由平地坠入井、坑洞)、跌倒、坍塌、淹溺、灼烫、火灾、辐射、爆炸、中毒(吸入有毒气体、皮肤吸收有毒物质、经口)、触电、接触(高低温环境、高低温物体)、掩埋、倾覆 15 种伤害方式。

根据以上事故类别及伤害方式,地勘单位作业存在的主要事故类型有:

①物体打击,指失控物体的惯性力造成的人身伤害事故。如落物、滚石、锤击、碎裂、崩块、砸伤等造成的伤害,不包括主体机械设备、车辆、起重机械、坍塌或爆炸而引起的物体打击。

②车辆伤害,指本企业机动车辆引起的机械伤害事故。如机动车辆在行驶中的挤、压、撞车或倾覆等事故,在行驶中上下车、搭乘矿车或放飞车所引起的事故,以及车辆运输挂钩、跑车事故。

③机械伤害,指机械设备与工具引起的绞、辗、碰、割、戳、切等伤害。如工件或刀具飞出伤人,切屑伤人,手或身体被卷入,手或其他部位被刀具碰伤,被转动的机构缠压住等,但属于车辆起重设备的情况除外。

④起重伤害,指从事起重作业时引起的机械伤害事故。包括各种起重作业引起的机械伤害,但不包括触电、检修时制动失灵引起的伤害,上下驾驶室时引起的坠落式跌倒。

⑤触电,指电流流经人体,造成生理伤害的事故。适用于触电、雷击伤害,如人体接触带电的设备金属外壳或裸露的临时线、漏电的手持电动工具,起重设备误触高压线或感应带电,雷击伤害,触电坠落等事故。

⑥淹溺,指因大量水经口、鼻进入肺内,造成呼吸道阻塞,发生急性缺氧而窒息死亡的事故。适用于船舶、排筏、设施在航行、停泊、作业时发生的落水事故。

⑦灼烫,指强酸、强碱溅到身体引起的伤,或因火焰引起的烧伤,高温物体引起的烫伤,放射线引起的皮肤损伤等事故。适用于烧伤、烫伤、化学灼伤、放射性皮肤损伤等伤害。不包括电烧伤以及火灾事故引起的烧伤。

⑧火灾,指造成人身伤亡的企业火灾事故。不适用于非企业原因造成的火灾。比如,居民火灾蔓延到企业,此类事故属于消防部门统计的事故。

⑨高处坠落,指由于危险重力势能差引起的伤害事故。适用于脚手架、平台、陡壁施工等高于地面的坠落,也适用于由地面踏空失足坠入洞、坑、沟、升降口、漏斗等情况。但排除以其他类别为诱发条件的坠落,如高处作业时,因触电失足坠落应定为触电事故,不能按高处坠落划分。

⑩坍塌,指建筑物、构筑物、堆置物等的倒塌以及土石塌方引起的事故。适用于因设计或施工不合理而造成的倒塌,以及土方、岩石发生的塌陷事故。如建筑物倒塌,脚手架倒塌,

挖掘沟、坑洞时土石的塌方等。不适用于矿山冒顶片帮和爆炸引起的坍塌事故。

⑪冒顶片帮，指矿井工作面、巷道侧壁由于支护不当、压力过大造成的坍塌，称为片帮；顶板垮落为冒顶。二者常同时发生，简称为冒顶片帮。适用于矿山、地下开采、掘进及其他坑道作业发生的坍塌事故。

⑫透水，指矿山、地下开采或其他坑道作业时，意外水源带来的伤亡。适用于井巷与含水岩层、地下含水带、溶洞或与被淹巷道、地面水域相通时，涌水成灾的事故。不适用于地面水害事故。

⑬放炮，指施工时放炮作业造成的伤亡事故。适用于各种爆破作业。如采石、采矿、采煤、开山、修路、拆除建筑物等工程进行的放炮作业引起的伤亡事故。

⑭瓦斯爆炸，是指可燃性气体瓦斯、煤尘与空气混合形成了达到燃烧极限的混合物，接触火源时，引起的化学性爆炸事故。主要适用于煤矿，同时也适用于空气不流通，瓦斯、煤尘积聚的场合。

⑮火药爆炸，指火药与炸药在生产、运输、贮藏的过程中发生的爆炸事故。适用于火药与炸药生产在配料、运输、贮藏、加工过程中，由于振动、明火、摩擦、静电作用，或因炸药的热分解作用，贮藏时间过长或因存药过多发生的化学性爆炸事故，以及熔炼金属时，废料处理不净，残存火药或炸药引起的爆炸事故。

⑯锅炉爆炸，指锅炉发生的物理性爆炸事故。适用于使用工作压力大于 0.07 MPa、以水为介质的蒸汽锅炉（简称锅炉），但不适用于铁路机车、船舶上的锅炉以及列车电站和船舶电站的锅炉。

⑰容器爆炸，容器（压力容器的简称）是指比较容易发生事故且事故危害性较大的承受压力载荷的密闭装置。容器爆炸是压力容器破裂引起的气体爆炸，即物理性爆炸，包括容器内盛装的可燃性液化气在容器破裂后，立即蒸发，与周围的空气混合形成爆炸性气体混合物。遇到火源时产生的化学爆炸，也称容器的二次爆炸。

⑱其他爆炸，凡不属于上述爆炸的事故均列为其他爆炸事故，如：可燃性气体如煤气、乙炔等与空气混合形成的爆炸；可燃蒸气与空气混合形成的爆炸性气体混合物如汽油挥发引起的爆炸；可燃性粉尘以及可燃性纤维与空气相混合形成爆炸性气体混合物引起的爆炸；间接形成的可燃气体与空气相混合（如可燃固体、自燃物品，当其受热、水、氧化剂的作用迅速反应，分解出可燃气体或蒸气与空气相混合形成爆炸性气体），遇火源爆炸等。另外，炉膛爆炸，钢水包、亚麻粉尘的爆炸，都属于上述爆炸方面的，亦均属于其他爆炸。

⑲中毒和窒息，指人接触有毒物质，如误吃有毒食物或呼吸有毒气体引起的人体急性中毒事故，或在废弃的坑道、暗井、涵洞、地下管道等不通风的地方工作，因为氧气缺乏，有时会发生突然晕倒甚至死亡的事故称为窒息。两种现象合为一体，称为中毒和窒息事故。不适用于病理变化导致的中毒和窒息事故，也不适用于慢性中毒的职业病导致的死亡。

⑳其他伤害，凡不属于上述伤害的事故均称为其他伤害，如扭伤、跌伤、冻伤、野兽咬伤、钉子扎伤等。

LEC评价法（美国安全专家 K. J. 格雷厄姆和 K. F. 金尼提出）是对具有潜在危险性作业环境中的危险源进行半定量评价的安全评价方法。用于评价操作人员在具有潜在危险性环境中作业时的危险性、危害性。

该方法用与系统风险有关的三种因素指标值的乘积来评价操作人员伤亡风险大小，这

三种因素分别是:

L,事故发生的可能性;

E,人员暴露于危险环境中的频繁程度;

C,一旦发生事故可能造成的后果。

给三种因素的不同等级分别确定不同的分值,再以三个分值的乘积 D(危险性)来评价作业条件危险性的大小。

事故发生的可能性、暴露于危险环境的频繁程度以及发生事故产生的后果与分值的对应关系见表 3-2～表 3-4。

表 3-2　事故发生的可能性(L)与分值的对应关系

分值	事故发生的可能性
10	完全可以预料
6	相当可能
3	可能,但不经常
1	可能性小,完全意外
0.5	很不可能,可以设想
0.2	极不可能
0.1	实际不可能

表 3-3　暴露于危险环境的频繁程度(E)与分值的对应关系

分值	暴露于危险环境的频繁程度
10	连续暴露
6	每天工作时间内暴露
3	每周一次或偶然暴露
2	每月一次暴露
1	每年几次暴露
0.5	非常罕见暴露

表 3-4　发生事故产生的后果(C)与分值的对应关系

分值	发生事故产生的后果
100	10 人以上死亡
40	3～9 人死亡
15	1～2 人死亡
7	严重
3	重大,伤残
1	引人注意

根据公式:

$$风险\ D = L \cdot E \cdot C$$

就可以计算作业的危险程度,并判断评价危险性的大小。其中的关键还是如何确定各个分值,以及对乘积值的分析、评价和利用。风险 D 值与危险程度的对应关系见表 3-5。

表 3-5　风险 D 值与危险程度的对应关系

D 值	危险程度
＞320	极其危险,不能继续作业
160～320	高度危险,要立即整改
70～160	显著危险,需要整改
20～70	一般危险,需要注意
＜20	稍有危险,可以接受

根据经验,D 值在 20 以下被认为是低危险的,这样的危险比日常生活中骑自行车去上班还要安全些;D 值为 20～70 的情况,只是一般危险,需要注意;如果 D 值达到 70～160,那就有显著的危险性,需要及时整改;如果 D 值为 160～320,那么这是一种必须立即采取措施进行整改的高度危险环境;D 值在 320 以上的高分值表示环境非常危险,应立即停止生产直到环境得到改善为止。

值得注意的是,LEC 风险评价法对危险等级的划分,一定程度上凭经验判断,应用时需要考虑其局限性,根据实际情况予以修正。

(2) 作业安全分析识别风险危害因素及风险防控措施

地质钻探作业风险危害因素识别及风险防控措施示例见表 3-6。

(3) 汇总主要危险有害因素

某地勘单位列出的主要危险有害因素清单示例见表 3-7。

3.2.4.3.2　编制应急预案,开展风险分析培训

根据风险分析评价结果,按照风险等级,确定重要危险因素,制定对应的预防和控制措施,按照应急预案体系要求,编制综合应急预案、专项应急预案和应急处置方案,制定措施方案和培训计划,提升风险分析和应急保障能力的科学性、有效性,以正确应对各种突发事件。培训现场见图 3-4。

图 3-4　应急管理和危险辨识培训现场

3.2.4.4　进行相关法律法规的获取与识别,并落实到具体部门和岗位

安全生产标准化创建之初,通过识别与清理以往法律法规清单,识别出不适合的清单内容,重新获取和识别并更新现有符合企业自身要求的法律法规清单。获取与识别法律法规主要从以下几方面进行(仅列出部分文件)。

表 3-6 地质钻探作业风险危害因素辨识、评价及作业风险管控处置措施

作业类别	基本工作步骤	作业风险危害因素辨识	事故类型	作业风险危险因素评价					作业风险管控处置措施
				L	E	C	D	危险等级	
地质钻探作业	现场踏勘	施工场地多为山地丘陵等特殊地理位置	高处坠落、跌倒	1	2	7	14	稍有危险	加强安全交底工作,严禁单独自踏勘;配备应急药品,对照地形图了解现场地形
	平整场地	平整场地施工机械的机械伤害	机械伤害	1	2	3	6	稍有危险	加强场地硬化或压实。设专人指挥,塔上闲杂人员禁入
	安装设备	作业人员配合不协调引发的伤害;踏板强度不够、不使用或不正确使用安全带引发的坠落伤害;不戴安全帽、不合规定、提拉捆绑不合规定,抛掷工具	高处坠落、物体打击、机械伤害	1	2	7	14	稍有危险	安装前,应对各个器件作进行检查;在机长指挥下进行,合理安排,严格执行钻探操作规程,塔上塔下不得同时作业;正确配备和使用劳动防护用品,系好安全带;夜间或恶劣天气时禁止作业
	安装临时用电	使用不正确的方式接线、电气设备	触电、火灾等	1	2	3	6	稍有危险	特种作业人员持证上岗;电气设备均应有良好的接零接地保护装置,确保一机一闸一漏保
	钻进作业	作业人员配合不协调引发的伤害;不使用或不正确使用劳动保护用品、抛掷工具等引发的物体打击伤害	物体打击、机械伤害	3	3	7	63	一般危险需要注意	配备并正确穿戴劳动保护用品。禁止未停机维修保养、专人看管。取下钻具时,禁止用牙钳、链钳代替管钳和用脚垫叉
	处理孔内事故	作业人员配合不协调引发的伤害;不正确使用劳动保护用品、抛掷工具等引发的物体打击伤害	机械伤害、物体打击	1	2	3	6	稍有危险	处理事故过程中,应由专人负责操作;严禁强拉硬扭;提拉事故钻具时,塔上不得有人、非操作人员不得在场内停留;处理事故前进行全面检查
	设备拆卸、搬迁	作业人员配合不协调引发的伤害;不正确使用劳动保护用品、上下交叉作业、抛掷工具等引发的物体打击伤害	机械伤害、物体打击	1	2	3	6	稍有危险	拆卸时由上而下分层拆卸;放塔时按先后顺序依次进行,待塔落地后方可拆卸;设备搬迁时由专人指挥,迁移设备前切断电源,搬迁通道要平实,畅通

第3章 地勘单位安全生产标准化建设

表 3-7 某地勘单位列出的主要危险有害因素清单

专业	危险有害辨识	伤害方式	L	E	C	D	危险等级
地质钻探	1. 钻探机场发生火灾的危险因素：用明火照明、用火取暖、炊事用火、吸烟着火、电气线路短路、变压器起火、易燃物质（如汽油、煤油、油抹布等物）自燃起火或爆炸；外部环境引起火灾，如雷击火灾、草原、森林火灾	火灾	6	6	15	540	极其危险
	2. 钻塔、铁架等高架设施和大树、山顶容易被雷云当作引泄体；雷雨天气时，作业人员在孤立的大树下、山顶避雨，钻塔避雷针或其他防雷措施不符合要求，易受到雷击事故	触电	6	6	15	540	极其危险
	3. 轻型钻机整体迁移时，由于升降系统及钻架、机台、设备的连接不牢固，设备在15°坡上，凹凸不平、松软地面整体迁移不当引发钻机、钻架倾斜、倒塌事故，如在高压线下整体迁移还易发生触电事故	坍塌、触电	6	2	40	480	极其危险
	4. 施工机械引发的机械伤害	碰撞、撞击	3	6	15	270	高度危险
	5. 钻探机场的临时用电线路、电器设备安装不符合安全规范要求，未采取安全措施，违反操作规程，造成触电事故	触电	3	6	15	270	高度危险
	6. 竖立或放下钻架时，由于配合不统一、作业人员在钻架起落范围内、或牵引绳控制不力，易发生塔架倒塌事故	坍塌	3	6	15	270	高度危险
	7. 升降钻机的制动装置、离合装置、提引器、拧卸工具及游动滑车、绳卡引发的失灵及操作失误引发钢丝绳变形、磨损、断丝，导致强度降低易降钻体打击及坠落事故	碰撞、撞击、坠落	6	6	7	252	高度危险
	8. 通风不良引起中毒窒息	中毒	6	6	7	252	高度危险
	9. 在高原缺氧环境中作业引发高原反应	其他伤害	6	6	7	252	高度危险
	10. 防护罩安装不正确引发的机械伤害	碰撞	2	6	15	180	高度危险
	11. 导电体油漆时未切断电源	触电	6	6	15	540	极其危险
	12. 发电机接地保护不合格，系统不健全	触电	3	10	15	450	极其危险
	13. 洪水、暴雨、雷击、地震、泥石流、危岩崩塌	撞击、掩埋	1	10	40	400	高度危险
	14. 测量放线、勘查施工过程中触及高压电线	触电	3	6	15	270	高度危险
	15. 钻机起塔时吊物不牢固、操作不当	碰撞、撞击	6	6	7	252	高度危险
	16. 载物汽车驾驶员未持证上岗	其他	1	6	40	240	高度危险
	17. 未按规定配备消防器材	火灾	3	10	7	210	高度危险

单位：　　　　　　　　　　　审核：　　　　　　　　　　　批准：　　　　　　　　　　　时间：

(1) 获取国家有关法律法规条例及重要文件

①中华人民共和国劳动法(主席令第 28 号,1995 年 1 月 1 日施行,2009 年 8 月 27 日和 2018 年 12 月 29 日修正)。

②中华人民共和国安全生产法(主席令第 70 号,2002 年 11 月 1 日施行,2009 年 8 月 27 日和 2014 年 8 月 31 日修正)。

③中共中央国务院关于推进安全生产领域改革发展的意见(2016-12-18)。

④国务院办公厅关于印发安全生产"十三五"规划的通知。

(2) 获取有关的部门规章

①企业安全生产费用提取和使用管理办法(财企〔2012〕16 号,2012-02-14)。

②安全生产培训管理办法(国家安全生产监督管理总局令第 44 号,2015-07-01 修订)。

③生产经营单位安全培训规定(国家安全生产监督管理总局令第 63 号,2015-07-01 修订)。

④企业安全生产责任体系五落实五到位规定(安监总办〔2015〕27 号,2015-03-16)。

⑤金属非金属矿产资源地质勘查单位安全生产标准化评分办法(安监总厅管一〔2015〕65 号,2015-07-13)。

(3) 获取与本单位有关的安全标准

①地质勘探安全规程,AQ 2004—2005,国家安全生产监督管理总局,2005-05-01。

②测绘作业人员安全规范,CH 1016—2008,国家测绘局,2008-03-01。

③岩土工程勘察安全规范,GB 50585—2010,住房和城乡建设部、国家质量监督检验检疫总局,2010-12-01。

④地质勘查安全防护与应急救生用品(用具)配备要求,AQ 2049—2013,国家安全生产监督管理总局,2013-10-01。

⑤安全标志及其使用导则,GB 2894—2008,国家质量监督检验检疫总局、国家标准化管理委员会,2009-10-01。

⑥个体防护装备 眼面部防护 职业眼面部防护具 第 1 部分:要求,GB 32166.1—2016,国家质量监督检验检疫总局、国家标准化管理委员会,2017-03-01。

(4) 获取适用本单位的地方性法规

①湖北省安全生产条例(湖北省人民代表大会常务委员会公告第 218 号,2017-05-24)。

②湖北省生产安全事故报告和调查处理办法(湖北省人民政府令第 354 号,2012-11-01)。

③湖北省企业安全生产主体责任规定(湖北省人民政府令第 339 号,2010-12-01)。

④湖北省安全生产党政同责暂行办法(鄂发〔2014〕16 号,2014-06-05)。

3.2.4.5 制定安全生产计划和安全目标

每年年初,企业应当按要求制定年度安全生产计划,确定安全生产年度确保目标、管理目标,按照每年年初的安全生产工作会议要求,将年度目标按责任大小和责任划分进行分解细化,计划和目标的重要内容有确保目标、管理目标、实现确保目标需要采取的工作措施、工作内容及落实责任人等。具体可参考以下示例。

某年度安全生产工作计划与工作要点

总体思路:全面贯彻落实党的十八大,十八届四中、五中全会,中央经济工作会议以及中央领导同志关于安全生产的重要指示批示精神,以深化改革为动力,坚持科学发展、安全发展,落实《中共中央国务院关于推进安全生产领域改革发展的意见》这一主线,健全"党政同责、一岗双责、齐抓共管、失职追责"的责任体系,以安全生产标准化为载体,建立安全生产长效机制,有效防范各类生产安全事故。

一、安全生产确保目标

四大事故(生产性工亡事故、重大交通事故、重大生产性火灾及爆炸事故、重大设备事故)为零;无一般类以上环境污染事件、公共安全事件;负伤率在3‰以下(低于8人),重伤率在1‰以下(低于3人);或者100万元以上直接经济损失的安全生产事故不超过3起;粉尘、"三废"排放符合国家有关标准;无新增职业病患者。

二、安全生产管理目标

认真贯彻并积极宣贯《中共中央国务院关于推进安全生产领域改革发展的意见》和即将颁布的《〈中华人民共和国安全生产法〉实施条例》等有关法律、法规、标准,落实各项安全生产规章制度,建立健全"党政同责、一岗双责、齐抓共管、失职追责"的责任体系。按要求开展安全隐患排查治理和安全综合检查工作,进一步完善应急管理体系,做到"员工教育培训率、安全生产隐患整改率、特种作业人员持证上岗率、劳动防护用品佩戴合格率"100%。

三、主要工作任务

(一)进一步落实企业安全生产主体责任,建立"横向到边、纵向到底"的安全生产责任体系

(二)调动各方力量,抓好生产现场管理

(三)加大力度,抓好事故隐患排查治理

(四)创新思路,抓好基础管理

(五)强化意识,抓好宣传教育工作

(六)把住关口,防范用工风险

(七)做好巡查,维护矿山安全

附件:××××年安全生产工作任务与责任分解表(略)

3.2.4.6 核实各单位、各部门的危险识别及风险评价结果,确保整个风险评价的系统性和一致性

各单位要根据工作实际,组织安全生产标准化创建工作小组人员对本单位存在的作业过程中的主要风险危害因素进行识别、评价和采取处置措施,同时各单位要结合本单位实际,理顺本单位风险管控体系,提高风险管控的针对性和可操作性,开展好风险管控知识培训工作,充分发挥风险管控的作用,确保风险评价的系统性、完整性和一致性。

3.2.4.7 编制和完善安全生产标准化现场检查表

根据本单位实际情况,需要建立适应本单位的各种安全检查表格,如项目开工基础管理检查表、项目开工安全检查记录表、项目钻探钻孔开工申请单等各项检查表,见表3-8和表3-9。

表 3-8　项目基础管理检查表

序号	检查项目	检查标准	检查结果	整改措施及时间
1	组织机构	是否建立项目安全生产管理机构或网络(建档上墙)		
		是否按规定配备专(兼)职安全员		
2	安全生产责任制	是否制定项目各岗位安全生产责任制(查资料)		
		是否落实安全生产责任制(岗位责任制上墙)		
		各工种是否有安全技术操作规程		
3	安全目标管理	是否制定项目安全管理目标(目标对策上墙)		
		是否与项目签订安全目标责任书(查资料)		
		项目是否与施工班组、职工签订安全目标责任书		
4	安全教育	是否执行公司项目安全教育培训制度(问员工)		
		新工人是否进行"三级"安全教育		
		是否对全员进行了岗前安全教育(试卷、成绩)		
		施工人员安全教育是否分专业进行(查资料)		
		项目是否有安全教育资料台账和成绩登记(查资料)		
5	安全检查	是否执行公司项目安全检查制度(查安全检查)		
		对违章作业是否有处罚(查处罚记录、台账)		
		事故隐患是否按"三定一落实"原则落实整改		
		现场有无重大危险源,对重大危险源监控整改情况如何		
6	安全例会	是否认真执行项目安全例会制度(每周至少一次)		
		安全例会记录是否及时认真,参加人员是否签名		
7	安全奖惩	是否有具体的安全奖惩制度(查制度)		
		安全奖惩制度是否认真执行(查记录)		
8	特种作业人员	特种作业人员(电工、电焊工等)是否持上岗证		
		《特种作业人员操作证》是否有效		
9	安全技术交底	是否有书面安全技术交底,交底是否分专业进行		
		内容针对性是否具体,交底是否全面,是否有签字手续		
10	安全协议	是否与业务外包队伍签订安全协议,是否加盖公章		
		安全协议是否与施工内容相符,内容是否有针对性		
11	安全活动	是否开展班组安全活动(查记录)		
		是否开展专项(安全月)安全活动(查活动方案、记录等)		
12	应急救援预案	是否有安全应急救援预案,应急措施是否有针对性		
		是否组织演练或学习(查演练计划、评价总结)		
13	安全技术措施	是否有专项安全施工方案(爆破、基坑支护、脚手架等)		
		是否有安全施工措施计划(创优计划)		
		是否有安全施工组织设计(查设计)		
		是否有季节(夏季、冬季)专项安全安全措施(查方案)		
14	职业健康环境	是否对现场危险源、环境因素进行评价		
		是否建立重大危险源与重要环境因素清单		
		职业健康与环境相关表格是否填写齐全		

续表

序号	检查项目	检查标准	检查结果	整改措施及时间
15	安全防护	安全帽、安全网、安全带等防护用品是否配备齐全(现场查看)		
		安全防护设施是否齐全(现场查看)		

说明:

(1)检查结果"合格"用"√"表示,"不合格"用"×"表示,无检查项目的内容用空格。

(2)经检查还存在下列问题,必须进行认真整改后方可开工:

①

②

③

④

⑤

允许开工时间: 年 月 日

检查负责人: 参加检查人员:① ② ③ ④

项目负责人: 项目安全员: 检查日期: 年 月 日

表 3-9 项目开工安全检查记录

序号	项目	检查内容	检查结果	备注
1	文明施工	现场是否制作"五牌一图"或其他宣传牌		
		现场是否悬挂宣传条幅、安全标志牌、安全警示牌		
		施工现场生活区与施工区是否分开		
		办公场所和作业场所是否符合文明施工要求		
2	劳动保护安全防护	安全帽、安全带、特种作业防护用品等是否配备齐全		
		现场安全防护设备设施是否齐全		
		设备安装是否稳固		
		机械设备转动传动部位是否有防护设施		
		高处作业平台、基坑边、深池等临边部位是否有护栏		
		交叉作业是否安全,是否有人指挥		
		施工设备、吊车钢丝绳是否合格		
		施工设备铰链轴是否有安全销,固定是否合格		
3	安全用电	是否实行三级配电,是否达到二级保护		
		是否达到"一机、一闸、一漏保"		
		是否实行 TN-S 系统规定的"三相五线制"		
		漏电保护器动作电流是否符合要求(末级 30 mA/0.1 s)		
		各级漏电保护器试验是否灵敏		
		配电箱安放是否稳固,是否有防雨措施,是否有警示标志		
		总配电箱各类仪表性能是否良好		
		配电箱是否有 PE、N 接线端子		
		重复接地电阻是否符合≤10 Ω 要求		

续表

序号	项目	检查内容	检查结果	备注
3	安全用电	用电线路是否架离地面(或埋设),是否符合要求		
		现场夜间照明是否满足要求		
		碘钨灯架设高度是否达到3 m、绝缘,电缆为胶皮电缆,有否漏电保护		
		手持电动工具安全防护是否合格,有否漏电保护		
		临时发电机组外壳是否接地,是否有合格的灭火器		
		项目电工是否配有万用表、电阻表、欧姆表等电器测量仪表		
4	电气焊设备	电焊机外壳是否接地或接零		
		电焊机接线柱有无安全防护罩		
		焊钳、焊把子线、接地线是否合格		
		氧气瓶、乙炔瓶安全距离是否达到5 m		
		氧气瓶、乙炔瓶与明火的安全距离是否达到10 m		
		乙炔瓶是否装有回火防止器		
5	后勤管理	食堂安全用火、用气是否符合安全要求		
		办公区、宿舍、食堂是否分开设置		
		生活用电是否装有漏电保护器,是否分别配有灭火器		
		宿舍电气线路布设是否合理,是否有乱拉乱接现象		
		宿舍是否用花线,宿舍是否用大功率电器		

说明:

(1)检查结果"合格"用"√"表示,"不合格"用"×"表示(并将不符合项的内容在下方列出),无检查项目的内容用空格。

(2)经检查还存在下列问题,必须认真进行整改后方可开工:

①

②

③

允许开工时间:　　　年　　　月　　　日

检查负责人:　　　参加检查人员:①　　　　②　　　　③　　　　④

项目负责人:　　　项目安全员:　　　检查日期:　　　年　　　月　　　日

3.2.4.8　管理制度、操作规程、基础台账的修订、完善与编制

(1)编写管理制度指导书并培训

根据初始状态的自评结果,按照《金属非金属矿产资源地质勘查单位安全生产标准化评分办法》和《金属非金属矿产资源地质勘查单位安全生产标准化实施指南》的要求,结合《中华人民共和国安全生产法》《中央企业安全生产监督管理工作暂行办法》和其他法律法规的有关内容,编写适合本单位管理制度和岗位操作规程的作业指导书,针对单位实际进行培训,修订完善适合本单位工作实际的安全生产管理制度和岗位操作规程汇编。

(2)根据现行的安全生产管理制度,结合本单位的要求,修订、完善、编制安全生产管理制度、岗位操作规程和安全生产基础管理台账

地勘单位安全生产管理制度、岗位操作规程和安全生产基础台账建设应当充分考量本

单位的工作实际，再结合现有法律法规的要求，在适用、满足企业作业需求的情况下进行修订和完善。一般情况下，编制的安全生产管理制度、操作规程及安全生产基础台账的主要内容如下。

①修订和完善适合本单位的安全生产管理制度（供参考）

主要安全生产管理制度目录有：安全生产管理目标与安全工作计划管理制度、安全生产管理办法、安全生产责任制、安全生产管理组织机构设置规定、安全生产风险抵押金管理办法、安全生产考核及奖惩规定、安全生产费用提取及使用管理办法、生产安全事故管理规定、安全生产教育培训管理办法、安全生产检查制度、生产安全事故隐患排查治理管理办法、危险有害因素管理办法、职业健康管理办法、劳动防护用品管理规定、建设项目安全设施"三同时"管理规定、设备设施安全管理办法、交通安全管理办法、消防安全管理规定、特种作业人员管理办法、工程分包作业安全管理办法、安全生产会议管理办法、相关方安全生产管理办法、安全技术管理办法、安全生产档案管理规定、境外作业安全管理办法、生产安全应急管理办法、作业场所安全文明生产管理规定、班组安全活动制度、安全生产法律法规标准规范的管理制度、安全生产规章制度和安全操作规程的管理规定、项目开（复）工验收制度、车辆管理办法、地质勘查作业安全管理制度、变更管理制度、安全生产标准化运行绩效考核评价与持续改进的制度等。

②修订和完善适合本单位的岗位安全操作规程（供参考）

主要岗位安全操作规程目录有：地质勘查野外作业安全操作规程，地质测绘安全操作规程，物探、化探、遥感安全操作规程，水文地质、工程地质、环境地质安全操作规程，钻探安全操作规程，坑探安全操作规程，地质实验安全操作规程，物业管理岗位操作规程，特殊岗位安全操作规程，主要工具安全操作规程等。

③完善适合本单位的基础台账

a. 地勘单位安全管理基础台账目录（供参考）

- 安全生产工作计划、目标，如安全年度工作计划、目标与工作要点，安全生产计划、目标、责任分解表等。
- 组织机构设置与安全管理人员的配备情况，含安委会文件、安全管理部门设置及专兼职安全管理人员配备文件、组织机构图、安全管理人员登记表、持证上岗人员证书、注册安全工程师人员登记表、特种作业人员登记表等。
- 安全生产目标责任书，根据责任体系体现"横向到边、纵向到底"的原则，包括上级对本单位签订的安全生产目标责任书、本单位与下属单位签订的目标责任书、本单位直管的项目责任书、下属单位与项目部签订的目标责任书、本单位与特殊岗位签订的目标责任书、本单位与各职能部门签订的目标责任书、本单位与临时聘用人员签订的目标责任书。
- 安全教育培训，包括培训计划、培训申请、培训登记汇总表、培训签到表、培训记录、教育培训登记卡片、教育培训考试考核试卷、危险告知、安全技术交底、相关照片等。
- 应急管理，包括危险与环境因素辨识评价与控制、重要危险环境因素清单、重要危险环境因素控制措施、作业安全分析表、应急救援预案体系（包括综合应急预案、专项应急预案及现场应急处置方案）、应急预案的评审、应急预案的发布、应急预案的备案、应急预案的培训、应急演练（包括桌面演练、消防演练、实际操作演练、野外生存训练等)、应急演练签到表、应急资源清单、培训演练等照片。
- 安全检查,包括安全检查方案、安全检查记录汇总表、隐患整改回复汇总表、隐患整改指令书、安全检查意见书、单次隐患整改回复汇总表、安全隐患整改回复、隐患整改反馈表、罚款/奖励通知单、日常巡回安全检查表、安全检查总结与通报、各种安全检查照片、常见的安全检查表、行为观察记录表。
- 安委会及其他安全会议,包括会议通知、会议议程、会议签到表、会议记录与纪要、会议视频照片资料等。
- 安全生产活动,指各类安全活动,如"安全生产月""青安杯""安康杯"各种安全生产知识竞赛等活动方案、总结、评比与考核结果,以及活动标语、横幅、宣传栏的照片等。
- 安全生产报表,如事故快报、事故月报表、事故统计表、事故调查报告、安全月报、安全年报等上级要求的各类报表,下级单位上报安全生产费用的计提与使用报表,事故、安全生产隐患统计报表,隐患治理报表等。
- 安全生产协议书,如业务外包队伍安全生产责任协议,大型设备租赁、各类特种设备委托外部进行维修保养的责任协议,各类出租门面的安全责任协议等。
- 安全技术措施,如安全施工组织设计方案、专项安全技术方案、专项安全技术措施等及其专家评审结果,新设备新工艺新产品投入使用前的安全操作技术指导书,大型直管项目施工临时用电设计方案及审批表等。
- 安全生产费用台账,包括每年年初的提取及使用计划、每季度每月提取及使用台账、费用使用发票等有效证据。
- 劳动防护用品,包括采购计划、验收手续、合格证书的收集、发放登记表等。
- 设备管理台账,包括设备采购计划、设备采购申请、设备采购验收手续、设备台账、特种设备台账、设备维修保养计划、设备报废台账等。
- 持证管理人员,包括特种作业人员登记表、各类持证人员登记表、各类人员证件原件复印件。
- 职工职业健康,如员工体检计划(含特种作业人员体检计划)、体检登记表、职业卫生人员登记表、员工意外保险登记表、安全生产责任险等各类保险、各种费用发票复印件等。
- 车辆交通安全管理,如车辆管理登记台账、现有车辆及驾驶员基本情况一览表、车辆维护保养记录表、车辆保险记录台账、机动车辆安全检查表等。
- 法律法规清单,包括安全、环境等法律法规目录清单,职业健康安全法律、法规和其他要求适用性、合规性评价表。
- 在建项目统计表。
- 安全生产考核、奖惩台账,如年度/季度安全考核结果,年度安全评比、表彰材料,年度表彰奖励文件、处罚决定、表彰奖励登记表。
- 其他台账,如安全科技台账,包括安全科技项目立项申请、批复、实施、验收报告,爆炸品、危化品、放射物品管理台账,尾矿库管理台账等。
- 各类安全文明施工照片收集,包括各类安全警示标识照片、安全防护照片、安全活动横幅标语等照片、文明施工照片、上级领导及部门的安全检查照片等。
- 安全标准化绩效考核,如年度安全绩效考核、成立自评领导小组和自评报告编写小组、自评报告的编写与上报、年度安全管理资料汇总及归档。
  b. 项目安全管理台账目录（供参考）
- 项目开工前的各类文件，包括项目合同或中标通知书或立项审批文件的复印件、成立项目部的红头文件复印件、项目安全生产目标责任书、项目安全生产目标展开对策表等。
- 项目概况，包括项目概况登记表、项目安全领导小组、项目安全管理网络、项目主要管理岗位的安全生产管理职责、项目安全施工组织设计（方案）和临时用电组织设计及审批表、坑探等专项安全设计专篇及专家评审意见及审批表等。
- 各类登记台账，包括项目施工人员（职工）登记表、项目施工人员（临时工）登记表、特种作业人员登记台账、项目接触尘毒人员卫生登记表、职业卫生人员登记表、义务消防队成员名单、从业人员意外伤害保险登记汇总表等。
- 项目安全教育培训，如施工人员进场安全教育流程、安全教育培训汇总表、安全教育培训记录表、安全教育培训签到表、安全教育培训人员登记汇总表、安全教育培训登记卡片和项目安全教育培训记录表、安全教育培训考试试卷、参训人员身份证复印件、安全技术交底、临时用工告知函、危险告知等。
- 安全责任书或安全责任协议，如项目部员工安全目标责任书、临时用工安全生产目标责任书、特种作业人员安全目标责任书、驾驶员安全责任书、炊事员安全责任书、临时租用设备车辆协议书、业务外包单位安全生产环境保护协议书、相关方的安全协议等。
- 项目应急处置，如危险因素与环境因素辨识评价表、重要危险因素和环境因素清单及控制措施、现场应急处置方案、应急资源登记表、应急演练记录表、应急演练参演人员签到表、演练照片、项目现场应急药箱及应急药品的配备名单等。
- 设备设施及危险品台账，包括主要生产设施（设备）管理档案、特种设备管理台账、特种设备登记表、设备设施安装和维修记录表、消防设施及消防器材分布登记表、危险化学品出入库登记表。
- 劳动防护用品台账，包括劳动防护用品采购及使用计划、劳动防护用品采购及验收登记表、劳动防护用品发放登记表、劳动防护用品实物照片等。
- 各类项目开工前的检查记录表，包括项目开工前基础管理检查表、项目开工安全检查记录、项目开工令、钻孔开工申请单及钻孔开工验收记录表等。
- 日常安全检查记录表，如安全检查记录汇总表、安全隐患整改回复汇总表、隐患整改指令书、安全检查意见书、安全隐患整改回复、安全隐患整改前后的照片、项目安全生产巡检记录表、安全生产检查处罚（奖励）登记汇总表、安全检查处罚（奖励）通知单等。
- 项目安全生产活动，包括安全生产会议记录，安全生产会议签到表，安全生产活动文件、影像资料，安全生产活动记录表，安全生产活动签到表，安全生产班组活动记录表等。
- 安全生产费用统计表，如安全生产费用使用统计表、安全生产费用使用发票复印件及实物照片等。
- 安全生产责任事故报表，如安全生产责任事故登记表、生产安全事故快报、事故调查处理情况登记表、安全生产事故报告及处理结果等。
- 各类安全文明施工照片收集,如各类安全警示标识照片、安全防护照片、安全活动横幅标语等照片、文明施工照片、上级领导及部门的安全检查照片等。
- 项目安全绩效考核。
- 项目竣工安全生产资料交接清单。

(3) 文件审核

安全生产规章制度、安全操作规程、基础台账必须通过编审委员会的审核。

(4) 文件定稿

安全生产规章制度、安全操作规程、基础台账必须由编写小组审定核稿。

(5) 文件发布

安全生产规章制度、安全操作规程、基础台账的发布必须由单位法人签署发布令。

3.3 检查与改进

对发现的问题及时进行处理,通过治理隐患、监控重要危险因素等方式,将实施效果与预定目标对比,对发现的问题采取相应措施及时整改,同时做好职业健康管理工作,以及检查各项规章制度是否落实到位,方法、手段是否有效。地勘单位安全生产标准化创建单位每年至少对本单位的安全生产标准化的实施情况进行一次检查和评价,发现问题,找出差距,并根据安全生产标准化的评定结果所反应出来的问题,提出完善措施,对安全生产目标、指标、规章制度、操作规程等进行修改完善,循环改进,通过自我检查、自我纠正、自我完善,实现持续改进的目标,不断提高安全生产水平和安全技能。

第4章 地勘单位安全生产标准化自评

4.1 自评目的

4.1.1 保障安全生产标准化的正常运行

地勘单位在建立健全并完成安全生产标准化相关管理制度和记录台账档案之后,就进入安全生产标准化的实施与运行。在实施运行过程中,安全生产标准化制度及记录台账档案能否正确实施?实施效果如何?是否达到了地勘单位安全生产标准化创建的目标与要求?这些问题需要通过自评来初步验证。地勘单位标准化创建过程中的自评就是一个监督检查、持续改进与提高的重要手段,是促进地勘单位安全生产标准化良性运作的重要阶段,是验证地勘单位安全标准化创建过程中的自我发现问题、自我完善问题、自我解决问题的有效机制。

4.1.2 为评审做准备

地勘单位安全生产标准化创建在申请评审前,必须通过自评,对照《金属非金属矿产资源地质勘查单位安全生产标准化评分办法》(简称《评分办法》)的要求,结合地勘单位安全生产的现实情况,及时发现地勘单位安全生产标准化创建过程中存在的与安全生产管理制度和现场隐患等方面的不符合项,按照五定要求落实整改到位,以便为顺利通过评审(复评)打下基础,减少评审过程中的不符合项以及避免不必要的经济损失。

4.1.3 提升地质勘查单位管理水平的有效手段

自评阶段是通过地勘单位对安全生产标准化进行的自我评定,进而找出自身在安全生产标准化创建运行过程中存在的问题、找出改进的途径,为地勘单位完善安全生产标准化创建过程中的相关依据提供保障,因此,自评工作不仅是为标准化创建单位的安全生产标准化管理提供有效的评价,也是创建单位加强安全生产管理的重要手段。

4.2 自评阶段

4.2.1 自评工作小组根据自评表的要求组织自评

地勘单位应自主开展安全生产标准化建设工作,成立由其主要负责人任组长的自评工作领导小组和自评工作小组,对照相应评定标准每年至少进行1次自评,形成自评报告并在网上提交,每年的自评报告应在企业内部进行公示。

4.2.1.1 自评实施计划方案

实例:地勘单位安全生产标准化考核评级分阶段实施方案

根据年初安全生产工作部署,为保证安全生产标准化创建工作的扎实开展和有序推进,确保×××等单位顺利通过安全生产标准化工作评审,特制定本方案。

安全生产标准化创建工作进展情况:

安全生产标准化考核评级分阶段推进计划:

第一阶段:(××月××日——××月××日),提交考评计划到省安全生产技术协会,确定考评工作具体事宜。

第二阶段:(××月××日——××月××日),对标检查阶段。

第三阶段:(××月××日——××月××日),自查阶段。

第四阶段:(××月××日——××月××日),自评形成自评报告阶段。

第五阶段:(××月××日——××月××日),预评及评审阶段。

第六阶段:(××月××日——××月××日),公告及颁发证书和牌匾。

工作要求:(略)

4.2.1.2 企业自评

企业成立安全生产标准化自评机构,企业自评可以邀请专业技术服务机构提供支持,按照自评计划开展自评工作,自评时要选择符合本企业的评定标准指南和评分办法,通过自评、补充、完善相关内容,使之满足标准要求,逐条评分并汇总,形成自评报告,最终达到相应等级。

(1)制订自评计划

实例:安全生产标准化二级企业自评计划(供参考)

自评小组人员组成:

自评小组组长:

自评小组组员:

自评目的:(略)

自评范围:

本单位所辖区域的安全生产标准化运行情况。包括作业现场文件资料与相关的设备、设施及作业场所。

自评依据:(略)

自评要求:

根据安全生产标准化评分办法的各要素,对安全生产标准化创建以来的各种台账及现场作业环境全过程的自评。

自评内容:

(1)文件资料自评,对所有自评材料的真实性和符合性进行自查。

(2)现场自评,逐项核查安全生产标准化评分表内容符合程度,采取提问、交谈、查阅文件和记录、现场检查与抽查等方式。

自评工作安排：

(1)计划阶段：制订自评计划，成立自评小组。

(2)作业现场检验检测。

(3)完善阶段：按企业申请标准化企业等级要求，完善安全生产标准化自评的欠缺内容。

(4)提交自评报告阶段：提交安全生产标准化自评报告，给出自评结果、等级，满足要求的情况下提出评审申请。

(5)要求

①参加考评首、末次会议人员要求。

②全程参与人员要求。

③安排好到现场带队人员和资料审核协助人员。

④各种基础台账、资料的准备情况。

⑤选用合适的评定标准和评分办法。

(2)制定自评时间安排计划表(见表 4-1)

表 4-1 自评工作时间进度安排表(供参考)

工作阶段	日期	工作内容
计划阶段	月　日	1. 制订自评计划，成立自评小组
自评阶段	月　日	2. 考评首次会议：首次会议由自评小组组长主持，自评小组成员及有关人员参加。说明自评的目的、范围和依据，确认自评计划及创建进度表，简要介绍自评的程序和方法。 3. 现场检查。 4. 安全生产标准化现场自评
	月　日	5. 自评小组内部会议：对照相关安全生产标准化考评标准及有关规定给出自评证据，对给分点、扣分点、不符合项及对应的自评证据进行汇总，形成一致的、公正客观的评价和打分意见，并给出自评结论。 6. 自评末次会议：会议由自评小组组长主持，评审组成员及有关人员参加，通报情况，宣布结果，提出不符合项整改建议
提交报告阶段	月　日— 月　日	7. 提交评审报告，给出自评结果和等级推荐意见

(3)自评主要内容

①首次会议签到表及首次会议议程

自评会议是自评的序幕，是自评小组与本单位领导介绍自评过程的重要会议，由自评小组组长主持，参加会议的人员为自评小组全体人员，自评单位部门负责人和管理人员。自评会议应明确以下内容：

a.确认自评范围、目的和计划，共同认可自评进度表；

b.简要介绍自评中采用的方法、依据及程序；

c.确认自评小组所需资源及条件；

d.确认自评总结的日期和时间；

e.促进受评审部门的积极参与。

②自评工作程序及自评工作内容

自评小组人员要根据计划进行自评,通过面谈、提问、查阅资料文件、现场查看、测试等方式方法来收集客观证据,并记录自评结果,对受评单位或部门作出自评结论,自评人员应对照《金属非金属矿产资源地质勘查单位安全生产标准化评分办法》的要求,通过检查表的方式逐项检查考核,对数量多的同类项目可采取随机抽样,并保证抽取样本的代表性,做好记录。

现场自评后,自评小组应对自评过程中所有检查结果,以书面形式列出不符合项,并通知有关部门,以使不符合项得到确认。同时,限定相关部门对不符合项在一定时间内整改完成,以确保整个自评活动能按计划进行。

自评工作程序见图4-1。

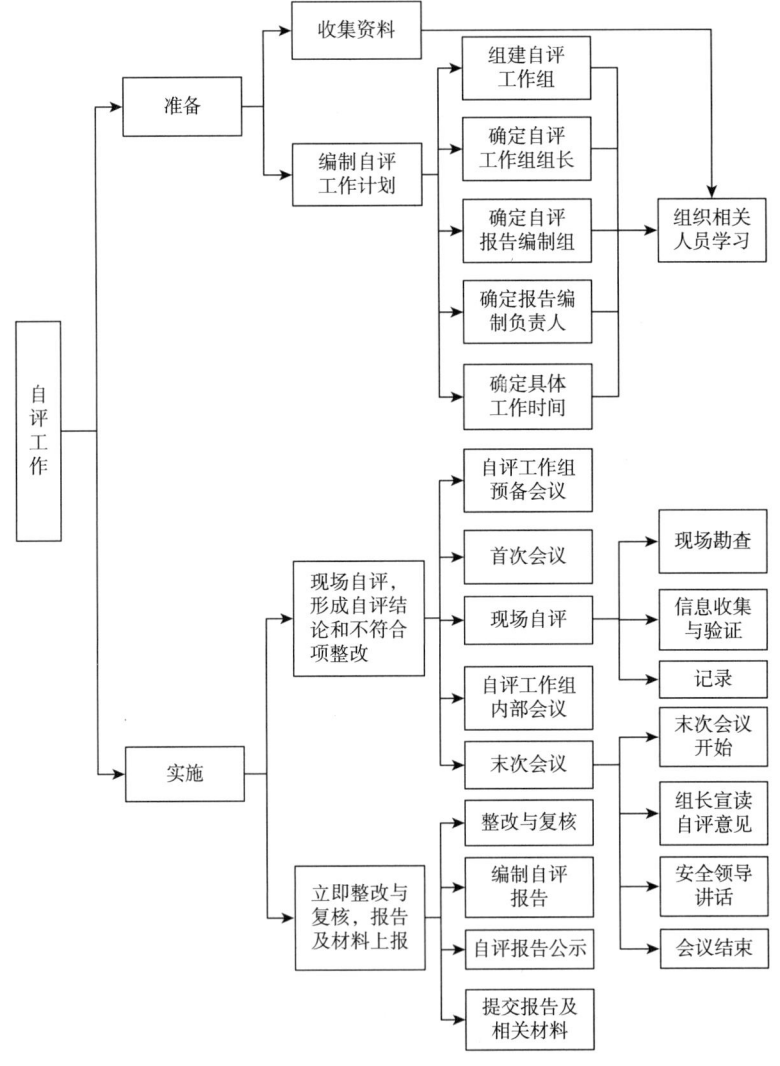

图4-1 自评工作程序

(4)末次会议签到表及会议议程(略)
(5)安全生产标准化企业等级

根据《评分办法》自评后的得分和安全绩效两个指标确定地质勘查单位安全生产标准化等级。标准化等级分为一级、二级、三级，一级为最高。等级划分标准见表4-2。

表4-2 地质勘查单位安全生产标准化考评定级表

标准等级	考评得分	安全绩效
一级	≥90	评审年度内未发生重伤以上的生产安全事故
二级	≥75	评审年度内发生生产安全事故造成人员重伤不超过1人，无死亡事故
三级	≥60	评审年度内发生生产安全事故累计造成人员重伤不超过2人，无死亡事故

4.2.2 根据自评结果提出整改措施

现场自评后，自评组应对评审的检查结果，以书面形式列出扣分点清单和不符合项，并通知被评审单位或部门，以便使不符合项得到确认，同时，限定被评审单位或部门在规定时间内进行整改到位，并对整改后的结果按照有关要求派人核对，以确保整个自评按照计划完成。自评过程中的不符合项及整改措施示例见表4-3。

表4-3 自评过程中的不符合项及整改措施示例

序号	扣分条款	扣分原因	整改措施
1	五10.做好安全教育培训记录，建立安全教育培训档案	3人安全培训记录不全	补齐安全培训记录
2	六15.设备档案完整	车辆档案不完整	收集单位最新车辆资料
3	六17.机械设备、设施完好无缺陷。各种机械的传动部分，应有安全防护罩、防护栏杆或防护挡板	传动部分没有安全防护罩	安装防护罩
4	六19.作业现场线路应按规范铺设，电气设备应按照用电技术规范采取接零、接地和漏电保护等安全措施。 移动或局部照明、手提行灯，照明电压应不超过36 V	机台水泵未接地；使用220 V电压照明	水泵接地；使用变压器
5	七24.应为从业人员配备符合国家或行业质量标准的劳动防护用品、野外救生用品和特殊生活用品，并监督、培训从业人员按要求佩戴和正确使用	2人未正确佩戴安全帽	要求正确佩戴安全帽（系好下颚带，调好后箍）
6	七25.有危险因素的设备、设施应在醒目位置设置公告栏、警示标志	机台未设置警示标志	设置警示牌
7	七26.从事地质勘查较固定的作业场所应有防火、防风、防洪、防雷电等安全防护设施和防范措施	避雷针引下线不合格	更换合格的引下线
8	十二47.应遵守《地质勘探安全规程》（AQ 2004—2005)的有关规定，杜绝"三违"行为	钻进时量余尺	停车后量余尺
9	十四60.项目部每月组织开展一次安全生产检查，机台每周进行一次安全生产检查，班组每日班前行一次安全检查。并做好检查记录	项目安全检查记录不规范	详细记录安全检查情况，及时处理隐患，并向相关人员通报
10	十五64.资料归档应及时、安全、整洁、装订美观	项目资料不够整洁	安全管理人员要做好安全资料的收集、整理和保管，保持整洁

4.2.3 整改复查

对自评过程中,列出的不符合项,经整改自查后,必须报自评小组核对,经自评小组复查整改合乎要求后,对整改结果提出正确的意见,若整改不到位,需要重新要求进行整改直至整改到位,并将整改结果列入自评报告有关章节。示例参考表 4-4。

表 4-4 企业整改计划及整改核查示例

序号	存在的问题	整改措施	责任人	督办人	整改计划及完成时间
1	安全生产目标分解不到位,目标中无年度累计和单次经济损失控制指标	完善安全生产目标,目标计划中增加经济损失控制指标			已完善安全生产目标。于12月15日按要求整改到位
2	对相关法规,尤其是地勘安全技术标准的识别、汇总有待进一步完善;管理制度未及时修订	重新识别、获取地勘安全适用的法规标准,并贯彻落实;及时修订管理制度			已重新识别、获取地勘安全适用的法规标准,并贯彻落实;已及时修订管理制度。于12月15日按要求整改到位
3	应依据识别需求制订安全培训计划,安全教育培训频次不够	依据识别需求重新制订安全培训计划,加强日常安全教育,进一步提高从业人员安全意识和安全技能			重新制订安全培训计划,加强日常安全教育,进一步提高从业人员安全意识和安全技能。于12月15日按要求整改到位
4	"安全生产月"活动过程和总结缺乏图片资料	重新整理安全活动影像资料,并归档			已重新整理安全活动影像资料,并归档。于12月10日整改到位
5	非生产性设备不要进入档案目录	重新按照主要设备设施进行建档监管			已重新按照主要设备设施进行建档监管。于12月7日整改到位
6	部分生产设备设施维修保养记录不全	收集补充设备设施维修保养记录,并归档			已收集补充设备设施维修保养记录,并归档。于12月8日整改到位
7	施工现场电气设备没有完全按照"一机一箱一闸一漏"要求设置开关控制装置	按照要求配置作业现场电气设备			已按照要求配置作业现场电气设备。于12月20日整改到位
8	部分作业现场安全警示牌不符合现场管理要求	设置符合安全管理要求的警示牌			已设置符合安全管理要求的警示牌。于12月10日整改到位
9	危险源辨识与监控没有提供相应的评价结论	提供相应的危险源辨识与监控评价结论			已提供相应的危险源辨识与监控评价结论。于12月10日整改到位

制表人:　　　　　　　　　　　　　　　　　　　　　　　　时间:　　年　月　日

4.2.4 编写自评报告

4.2.4.1 企业安全生产标准化自评报告的基本要求

自评工作应按照国家、地方颁布的安全生产标准化管理规范、文件及相关标准进行。自评报告应反映企业安全生产标准化建设、评审、运行、持续改进和巩固提高的全过程,做到内容全面、重点突出、条理清楚、数据完整、取值合理、自评结论客观公正。提出的整改措施应有针对性、可操作性和实效性。国家、省对于标准化建设或要素评审内容另有要求的,应根据实际需要进行调整和补充。

4.2.4.2 企业安全生产标准化自评报告的格式及内容

(1)封面(示例如下)

报告编号:

企业安全生产标准化（宋体一号字）

自 评 报 告

（宋体小初字）

申请企业：_____

所属行业：_____ 专业：_____

自评等级：_____ 评审性质：初次_____ 复评_____

自评日期：___年 月 日至 ___年 月 日

是否在企业内部公示：□是　　□否

是否申请评审：　　□是　　□否

国家安全生产监督管理总局监制

(2)企业基本情况表(表 4-5)

表 4-5　企业基本情况表(宋体 3 号字)

企业名称						
地　　址						
企业性质	□国有　□集体　□民营　□私营　□合资　□独资　□其他					
安全管理机构						
员工总数	人	专职安全管理人员	人	特种作业人员		人
固定资产		万元	主营业务收入			万元
倒班情况	□有　□没有		倒班人数及方式			
法定代表人		电话		传真		
联 系 人		电话		传真		
		手机		电子邮箱		
自评等级	□一级　　　□二级　　　□三级　　　□小微企业					
本次自评前本专业曾经取得的标准化等级:□一级　□二级　□三级　□小微企业　□无						
如果企业是某企业集团的成员单位,请注明企业集团名称:						
如果已取得职业健康安全管理体系认证证书,请注明证书名称和发证机构:						
本企业安全生产标准化自评小组主要成员		姓名	所在部门　职务/职称		电话	备注
	组长					
	成员					

本表中其他内容均为宋体小 4 号字。

(3)著录项

指自评报告评审人员情况,见表 4-6。

表 4-6 自评报告评审人员表

	姓　名	职务/职称	专　业	签　字
自评评审组组长				
自评评审组成员				
自评报告编制人				
自评报告审核人				

(4) 目录

第一章　概述

第二章　安全生产基本情况

第三章　自评标准的适应性分析

第四章　自评程序及方法

第五章　要素评审

第六章　自评综述和评分表

第七章　整改与核查

第八章　自评结论

第九章　附录

(5)《自评报告》的正文（示例）

1　概述

1.1　企业简介。包括地理位置和交通、经营范围、主要产品和年产值、主要生产工艺流程、主要原材料、生产能力和规模、主要设备设施、主要辅助设施；

1.2　企业下属单位情况；

1.3　近三年伤亡事故与职业危害情况；

1.4　安全生产标准化创建或运行情况。

2　企业安全生产基本情况

2.1　安全生产管理制度、操作规程的建立及落实情况；

2.2　安全生产责任制落实及考核、奖惩情况；

2.3　安全生产教育培训的组织及效果评估情况；

2.4　安全生产费用提取与使用情况（依据、标准数额、使用计划、使用情况应分述）；

2.5　重点部位或重要危险源、重大危险源、职业危害辨识和控制情况；

2.6　安全生产责任险缴纳情况（是否按《××省政府关于进一步强化制度建设确保安全生产的决定》明确的范围及要求缴纳）；

2.7 应急管理情况等。

3 自评标准的适应性分析

3.1 对有参评前置条件的,要列表进行参评条件的检查确认。

3.2 根据企业生产实际、特点以及设备(设施)情况,依据《国民经济行业分类》(GB/T 4754—2017)、《金属非金属矿产资源地质勘查单位安全生产标准化评分办法》和《金属非金属矿产资源地质勘查单位安全生产标准化实施指南》,判别企业所属的行业和专业,确定适用的评审标准,并对所运用标准的适用性进行分析。

3.3 国家或省已经出台该行业(专业)安全生产标准化评定标准的,应优先使用行业(专业)安全生产标准化评定标准。国家、省未制定该行业(专业)安全生产标准化评定标准的,按《企业安全生产标准化基本规范》(GB/T 33000—2016)进行评审。

4 自评程序及方法

4.1 自评范围;

4.2 自评依据;

4.3 自评方法;

4.4 自评程序;

4.5 自评时间。

5 要素评审

对企业安全生产标准化评定标准规定的所有评审要素的落实情况及运行效果,可采用表格或文字形式,对照评分标准,逐项进行评分。对不符合项(扣分项),应进行扣分原因的说明,注明不符合项具体的部门(车间)、部位等,以及注明"立即整改"或"限期整改"的类别。

6 自评综述及评分表

6.1 自评综述

对自评情况进行概括性描述。

6.2 自评评分表

6.2.1 自评评分检查表。根据选用的行业安全生产标准化评定标准,逐项对达标标准进行得失评定及实际得分评定。

6.2.2 不参评项汇总表。用表格形式反映企业实际不存在的项目和分值。

7 整改及核查

7.1 根据自评情况,对不符合项提出整改措施,列入"立即整改"的,应立即组织整改,并对整改结果组织复核。列入"限期整改"的,应按照"五落实"(整改措施落实、资金落实、时限落实、责任落实、应急预案落实)的原则,制订整改计划,按计划组织推进,并对能否按计划完成及预期效果作出说明。

7.2 企业建立按标准化要求运行的通过自我检查、自我纠正和自我完善持续改进的长效机制及运行效果情况。

8 自评结论

应从以下几方面表述:

8.1 依据的主要评定标准;

8.2 自评实际得分值(保留1位小数);

8.3 安全绩效,确认是否达到安全生产标准化企业相应的等级。

(6)附录

①附录 A,包括但不限于以下内容:
- 企业相关资质、证照;
- 工厂平面布置图;
- 自评计划;
- 参与自评及首次、末次会议议程及人员签到表;
- 安全生产责任保险、工伤保险缴纳情况(复印件);
- 自评前后现场整改对照照片;
- 企业承诺书(自评报告内容真实性、客观性的承诺;整改计划按进度实施的承诺;按安全生产标准化要求运行、做到持续改进和巩固提高的承诺);
- 其他。

②附录 B　规格
- 封面按要求编制,企业基本情况表按表 4-5 编制。
- 正文中,一级标题:小三号大标宋加粗;二级标题:四号宋体加粗;三级标题:四号宋体;正文:小四号宋体;行距:1.25 倍行距;页边距:左 28 mm、右 20 mm、上 25 mm、下 20 mm;页码:单页码右,双页码左。
- 装订时,采用 A4 幅面,左侧胶装。

4.3　材料准备与申请评审

4.3.1　申请地勘单位安全生产标准化企业评审的必备条件

(1)需要有安全生产行政许可的,应依法取得国家规定的相应安全生产行政许可。

(2)申请地勘单位安全生产标准化一级企业的,应为地勘行业领先地位,且在申请评审之日前一年内,未发生重伤以上的生产安全责任事故。

(3)申请地勘单位安全生产标准化二级企业的,在评审年度内发生生产安全责任事故造成人员重伤≤1 人。

(4)申请地勘单位安全生产标准化三级企业的,评审年度内发生生产安全责任事故累计造成人员重伤≤2 人。

4.3.2　材料准备及自评阶段

4.3.2.1　地勘单位安全生产标准化企业接受考评程序

地勘单位安全生产标准化考评程序如下:

(1)受评单位自评:受评单位在申请评审前,成立自评机构,按照《金属非金属矿产资源地质勘查单位安全生产标准化实施指南》和《金属非金属矿产资源地质勘查单位安全生产标准化评分办法》的要求进行自评,形成自评报告。

(2)申请评审:受评单位根据自评报告结果,经相应的安全生产管理部门同意后,提出书面评审申请。申报地勘单位安全生产标准化一级企业的,经所在地省级安全管理部门同意后,向一级评审组织单位提出申请;申请地勘单位安全生产标准化二级企业的,经所在地地市级安全生产管理部门同意后,向所在地的省级安全管理部门(协会)或二级评审组织单位提出申请;申请地勘单位安全生产标准化三级企业的,经所在地的县级(市、区、盟)安全生产管理部门同意后,向所在地的地市级安全管理部门(协会)或三级评审组织单位提出申请。

评审组织单位收到企业评审申请后,应在10个工作日内完成申请材料审查工作。经审查符合条件的,通知相应的评审单位进行评审;不符合申请要求的,书面通知申请企业,并说明理由。评审单位收到评审通知后,应按照有关评定标准的要求进行评审。评审完成后,将符合要求的评审报告,报评审组织单位审核。评审结果未达到企业申请等级的,申请企业可在进一步整改完善后重新申请评审,或根据评审实际达到的等级重新提出申请。

(3)评审单位收到评审通知后,应及时与申请单位确定现场评审时间,并签订技术服务合同,函告申请单位,明确评审对象、范围以及双方权利、义务和责任等。同时,评审单位应按照《金属非金属矿产资源地质勘查单位安全生产标准化实施指南》和《金属非金属矿产资源地质勘查单位安全生产标准化评分办法》等有关评定标准的要求进行评审。评审完成后,将符合要求的评审报告,报评审组织单位审核。

评审结果未达到企业申请等级的,申请企业可在进一步整改完善后重新申请评审,或根据评审实际达到的等级重新提出申请。

评审工作应在收到评审通知之日起3个月内完成(不含企业整改时间)。

4.3.2.2 材料准备

安全生产标准化创建工作实施且通过自评报告的审核并经过公示后,由安全生产标准化创建领导小组组长审核签字认可后,在上报自评报告的同时,可以提出评审申请。

企业材料准备及自评阶段时间安排见表4-7。

表4-7 企业材料准备及自评阶段时间安排表

一、企业材料准备及自评阶段	
时间安排	＿＿＿年＿＿月＿＿日至＿＿月＿＿日,共计＿＿＿天
工作内容	①企业根据我单位提供的相应行业国家标准,逐项对照检查评分,补充、完善缺项和不规范的内容,使自评总分达到相应等级的分数要求; ②得出自评分数,形成自评报告 补充:
自评小组	
辅导小组	
备注	注: ①本阶段以企业自身为主体,全面开展自评工作; ②企业在自评过程中遇到困难的,将其汇总,向我单位提出辅导要求,我单位视情况派出专业人员进行辅导,并初步审查,为评审奠定基础

4.3.3 申请评审

申请评审阶段时间安排见表4-8。

表4-8 申请评审阶段时间安排表

二、申请评审阶段	
时间安排	____年___月___日至___月___日,共计_____天
工作内容	①企业全面完成自评工作,得出自评结论后,经安监局或安全技术协会同意后,提出书面评审申请; ②符合申请要求的,组织评审;不符合要求的,书面通知企业,说明理由 补充:
申请责任人	
备注	

4.3.4 评审申请格式

企 业 安 全 生 产 标 准 化

评 审 申 请

申请企业：_____

申请行业：_____ 专业：_____

申请性质：_____ 等级：_____

申请日期：_____ 年 ____ 月 ____ 日

国家安全生产监督管理总局制

一、基本情况表

申请企业						
地　　址						
企业性质						
安全管理机构						
员工总数		人	专职安全管理人员	人	特种作业人员	人
固定资产			万元	主营业务收入		万元
倒班情况	□有　□没有			倒班人数及方式		
法定代表人			电　话		传　真	
联系人			电　话		传　真	
			手　机		电子信箱	
本次申请	□初次评审　□延期					
	□一级　　□二级　　□三级					

本次申请前本专业曾经取得的标准化等级：□一级　□二级　□三级　□无

本次申请的专业外，已经取得的企业安全生产标准化专业、等级和时间：

如果企业是某企业集团的成员单位，请注明企业集团名称：

如果已取得职业健康安全管理体系认证证书，请注明证书名称和发证机构：

本企业安全生产标准化自评小组主要成员		姓名	所在部门　职务/职称	电话	备注
	组长				
	成员				

二、企业重要信息表

1. 企业概况：
2. 近三年本企业重伤、死亡或其他重大生产安全事故和职业病的发生情况：
3. 安全管理状况（主要管理措施及主要绩效）：
4. 有无特殊危险区域或限制的情况：

三、其他事项表

1. 企业是否同意遵守评审要求,并能提供评审所必需的真实信息? □是　　□否	
2. 企业在提交申请书时,应附以下文件资料: ◇安全生产许可证复印件(未实施安全生产行政许可的行业不用提供) ◇工商营业执照复印件 ◇安全生产标准化管理制度清单 ◇安全生产组织机构及安全管理人员名录 ◇工厂平面布置图 ◇重大危险源资料 ◇自评报告 ◇自评扣分项目汇总表 ◇评审需要的其他材料	
3. 企业自评评分:	
4. 企业自评结论: 法定代表人(签名)：　　　　　　　　　(申请企业盖章) 　　　　　　　　　　　　　　　　　　年　　月　　日	
5. 上级主管单位意见: 负责人(签名)：　　　　　　　　　　(主管单位盖章) 　　　　　　　　　　　　　　　　　　年　　月　　日	
6. 安全生产监督管理部门意见: 负责人(签名)：　　　　　　　　　　(安全监管部门盖章) 　　　　　　　　　　　　　　　　　　年　　月　　日	

申请材料填报说明

(1)"申请企业"填写申请企业名称并加盖申请企业公章。

(2)"申请行业"按本考评办法第二条的行业分类填写。"专业"按行业所属专业填写,有专业安全生产标准化标准的,按标准确定的专业填写。

(3)"申请性质"为"初次评审"或"延期"。"等级"为"一级"、"二级"或"三级"。

(4)"企业性质"按照营业执照登记的内容填写。

(5)"本次申请的专业外,已经取得的企业安全生产标准化专业等级和时间"按"专业"、"等级"和证书颁发时间填写已经取得的所有专业的最高等级。

(6)"企业概况"包括主营业务所属行业、经营范围、企业规模(包括职工人数、年产值、伤亡人数等)、发展过程、组织机构、主营业务产业概况、本企业规模(产量和业务收入)、在行业中所处地位、安全生产工作特点等。

(7)"重大危险源资料"附经过备案的重大危险源登记表复印件。

(8)没有上级主管单位的,"上级主管单位意见"不填。

4.3.5 提交申请书时需要同时提交的文件

(1)营业执照复印件,法人或委托法人资格证明;
(2)行业上有强制要求的资质证书和行政许可证复印件;
(3)企业简介;
(4)生产/服务的主要过程的流程图或示意图;
(5)地理位置图及平面示意图;
(6)主要生产设备和检测设备清单;
(7)安全生产标准化管理制度清单;
(8)自评报告;
(9)重大风险清单;
(10)重大危险源清单;
(11)安全生产方针、目标;
(12)适用的安全生产法律法规和其他要求清单;
(13)合规性前置条件表及有关无生产安全事故等证明。

4.4 自评注意事项

(1)找准切入点,提高自评质量。

自评人员要把握几个关键点,开展综合自评活动,一是要找准机台班组岗位安全管理基本点;二是瞄准地勘单位安全生产标准化各要素管理要点;三是对准地勘单位日常管理支撑点;四是确定设备设施等主要装置部位的关键点。

(2)覆盖地勘单位安全生产标准化建设全方位。

在组织地勘单位安全生产标准化创建自评时,要按照单位领导决策层、单位部门管理层、项目班组执行层三个层面开展自评,同时要兼顾单位的资源管理、生产工艺、安全设备设施、检测检验仪器设备、材料仓库储存等方面,实现全方位的安全生产标准化创建程度。

(3)重岗位达标,全面做好以点带面的融合管理。

地勘单位安全生产标准化建设,重点在班组,基础在岗位,因此,在自评过程中,应重点从班组岗位操作工的安全生产"承诺、应知应会、排查处置隐患的能力"进行,并有机融合到班组安全生产的"强意识、守纪律、严操作、会处置"的要求当中,这样更有利于安全生产标准化建设要素中的 PDCA 动态循环管理。

(4)以隐患排查、风险管控为基础,抓好危险源辨识、风险防范管理。

地勘单位安全生产标准化创建工作,要以隐患排查治理、风险管控为基础,科学制定相关管理方案,突出运行管控和应急响应,实现对目标、运行控制和应急响应的有效管理,实现最终的安全目标。

(5)通过安全生产标准化各要素的细化,分解到地勘单位各职能部门。

根据地勘单位安全生产标准化创建单位的管理网络,将各要素细化到各职能部门,形成全员参与安全生产标准化创建的管理格局,通过对领导决策层、部门管理层、项目班组执行层三个层面的自评,就可以知晓该单位安全生产标准化的建设水平,这也是决定该单位的安全生产标准化创建能否实现的关键所在。

第5章 地勘单位安全生产标准化评审与监督

5.1 地勘单位安全生产标准化评审

5.1.1 评审目的

地勘单位安全生产标准化评审是独立于受评单位且不受其经济利益制约以及不存在行政隶属关系的第三方机构依据特定的评审准则,按规定的程序和方法对受评方进行的评审。

安全生产监督管理部门(安全生产技术协会)收到地勘单位安全生产标准化企业评审申请后,经初审符合申请条件,通知评审单位按照《金属非金属矿产资源地质勘查单位安全生产标准化评分办法》和《金属非金属矿产资源地质勘查单位安全生产标准化实施指南》的相关要求进行评审。评审目的如下。

(1)展示受评单位的安全生产标准化是符合要求的。

通过评审方的评审,为受评单位提供复合型的客观证明和书面保证,向所有相关方证明,受评单位安全生产标准化建设是符合规定要求的,可以树立受评单位在社会上的良好信誉和形象,使受评单位在市场上具有良好的竞争力。

(2)更好地实施、保持受评单位的安全生产标准化建设。

通过评审方的评审,以及在受评单位的评审周期内,受评单位必须接受评审方的监督,使受评单位能按照标准化创建要求继续保持体系的有效运行,受评单位也可以借助评审专家的经验和专长,进一步改进和完善自身的安全生产标准化创建成果。

5.1.2 评审程序

(1)评审单位收到评审组织单位授权和转交的申请材料后,根据申请材料,确定评审范围,与申请受评单位联系,签订技术服务合同,确认现场评审时间。

(2)根据受评单位的规模、工艺特点,组建评审组,指定1名评审员担任评审组组长,全面负责该评审单位的现场评审设计的相关工作,评审组一般由5名以上评审员和评审专家组成,评审专家应当是评审组织单位专家库成员。

(3)准备相关材料,评审组须准备好和现场评审相关的文件及表格等,通知受评单位提前准备好评审所涉及的全部要素的支撑性材料,提前发给受评单位,由受评单位负责人确认后签字盖章,并在首次会议上由企业负责人宣读。

(4)函告受评单位,包括现场评审时间、评审内容、评审组成员组成等,接受现场受评单位的承诺,以保证受评单位所提供的材料真实、可靠。

5.1.3 地勘单位安全生产标准化评审人员构成及要求

根据企业自愿申请的原则。申请取得安全生产标准化等级证书的企业,在上报自评报告的同时,提出评审申请。评审组织单位收到评审单位的评审申请通知后,安排评审人员对申请单位进行安全生产评审,并做出时间安排通知受评单位。评审机构和人员构成及要求如下。

(1)安全生产标准化工作机构一般应包括评审组织单位和评审单位,有一定数量的评审人员参与日常工作。

(2)评审组织单位应具有固定工作场所和办公设施,设有专职工作人员。负责对评审单位的日常管理工作和现场评审工作进行抽查;承担评审人员培训、考核与管理等工作。应定期开展对评审人员的继续教育培训,不断提高评审能力和水平。评审组织单位不得向企业收取任何费用,应参照当地物价部门制定的类似业务收费标准规范评审单位评审收费。

(3)评审单位是由安全监管部门考核确定、具体承担企业安全生产标准化评审工作的第三方机构。应配备满足各评定标准评审工作需要的评审人员,保证评审结果的科学性、先进性和准确性。

(4)评审人员包括评审单位的评审员和聘请的评审专家,按评定标准参加相关专业领域的评审工作,对其作出的文件审查和现场评审结论负责。

(5)评审组织单位、评审单位、评审人员要按照"服务企业、公正自律、确保质量、力求实效"的原则开展工作。

5.2 制订评审计划、考评时间安排及参评前置条件

评审单位收到评审通知后,应立即按照有关评审规范要求和参评的前置条件制订评审计划和商定考评时间,并通知受考评单位,以便受考评单位安排参与和陪同的人员,确定具体的时间。评审工作安排见表5-1。

表5-1 评审阶段工作安排

评审阶段	
时间安排	____年____月____日
地点安排	
工作内容	①评审单位组织评审小组,到创建标准化企业单位现场进行评审,并提交整改意见书,企业整改完成后提交整改回复;评审单位出具评审报告。 ②对评审结果未达到企业申请等级和不满足标准中否决项的,经申请企业同意,限期整改后重审。重评通过的,出具评审报告

续表

具体安排				
时间段	检查内容	评审人员/人	陪同人员/人	备注
	首次会议			
	基础资料			
	设备设施			
	作业环境与职业健康			
	末次会议			

评审小组分工安排如下：

评审组组长，负责组织、主持、协调评审工作；计划分成三个小组：

第1小组

第2小组

第3小组

各小组按《评分办法》认真、细致、严谨开展工作，并做好记录，客观公正提出整改意见，双方代表签字，各留存一份，作为下一步整改验收的依据。

（注：以上为初步时间安排）

5.2.1 制订评审计划

实例：安全生产标准化二级企业评审计划（供参考）

评审组人员组成：

评审组组长：

评审组组员：

评审目的：

根据国家安全生产监督管理总局《企业安全生产标准化评审工作管理办法（试行）》（安监总办〔2014〕49号文）要求，对申报单位的安全生产标准化进行考评或复评，评定是否达到安全生产标准化评定标准所要求的级别分值，给出评定结论，并对不足之处提出改进建议。

评审范围：

被评审单位的安全生产标准化运行情况。包括作业现场文件资料与相关的设备、设施及作业场所。

评审依据：（略）

评审要求：

被评审单位提供的自评报告（要求按每个元素分开提供）安全生产标准化体系各元素的考评证据资料，并安排专人配合考评组进行资料审查和现场勘查。

评审内容：

(1)文件考评，对企业自评报告的真实性和符合性进行审查。

(2)现场考评，逐项核查安全生产标准化自评分表内容符合程度，采取提问、交谈、查阅文件和记录、现场检查与抽查等方式。

评审工作安排：

(1)计划阶段：制订考评计划，成立考评组。

(2)文件考评阶段：对企业提供的安全生产标准化自评报告的真实性和符合性进行审查。不单独安排时间，合并到现场考评里。

(3)现场考评阶段：逐项核查企业安全生产标准化自评分表的内容符合程度（可采取提问、交谈、查阅文件和记录、现场检查与抽查等方式，若有必要，可以进行现场检测与测量）。

(4)完善阶段：按企业申请标准化企业等级评审，协助企业完善安全生产标准化体系欠缺内容。

(5)提交报告阶段：提交安全生产标准化评审报告，给出评审结果、等级意见。

(6)附件：(略)

(7)要求：(略)

5.2.2 考评时间安排计划表

考评时间安排见表5-2。

表5-2 考评工作时间进度安排表(供参考)

工作阶段	日期	工作内容
计划阶段	9月11日	1.制订考评计划，成立考评组
现场评审阶段	9月14日 9:00—9:30	2.考评首次会议：首次会议由评审组长主持，评审组成员及企业有关人员参加。说明评审的目的、范围和依据，确认评审计划及考评进度表，简要介绍评审的程序和方法
现场评审阶段	9:30—12:00 14:00—17:00	3.现场检查 4.安全生产标准化现场评审
现场评审阶段	9月15日 9:00—10:30	5.评审组内部会议：在现场考评后，考评组召开内部沟通会议，对照相关安全生产标准化考评标准及有关规定评价评审证据，对给分点、扣分点、不符合项及对应的考评证据进行汇总，形成一致的、公正客观的评价和打分意见，并给出总体评审结论
现场评审阶段	11:00—11:30	6.评审末次会议：会议由评审组长主持，评审组成员及企业有关人员参加，通报评审情况，宣布评审结果，提出不符合项整改建议
提交报告阶段	2017年9月15日— 2017年10月25日	7.提交评审报告，给出评审结果和等级推荐意见

5.2.3 参评前置条件

前置条件即合规性条件(否决项，有下列任何一项情形的，就不能参与安全生产标准化等级评审)如下(以湖北省的要求为例)：

(1)在申请评审之日起的上一年度内,发生生产安全事故且累计造成人员重伤超过2人,或有死亡事故的；

(2)没有建立健全各项安全生产管理制度、岗位操作规程、岗位职责；

(3)没有按规定设立安全生产管理机构、配备专/兼职安全生产管理人员；

(4)主要负责人、安全生产管理人员没有经安全生产监督管理部门考核合格,并取得安全合格证；

(5)安全投入不能够满足安全生产管理的需要；

(6)从业人员没有按规定接受安全生产教育培训,并经考试合格；

(7)特种作业人员未经有关业务部门培训、考试合格,并取得相应资格；

(8)没有依法参加工伤保险,并按期为从业人员缴纳保险费；

(9)没有为从业人员提供符合安全技术要求的设备设施、防护用品和防护措施；

(10)没有定期开展安全检查,对检查中所发现的隐患按要求整改到位；

(11)没有建立健全应急预案体系,并做好预案的发布、宣传、演练；

(12)不注重安全生产管理基础工作,原始记录及台账资料不真实、齐全；

(13)安全生产标准化建设未经自评达到相应等级。

5.3 实施考评

5.3.1 首次会议

5.3.1.1 现场首次会议议程

首次会议是现场评审第一项工作,所有参会人员必须签到,会议由现场评审组领队(评审单位的评审员)主持。首次会议议程如下：

(1)宣布首次会议开始。

(2)介绍评审组组长及成员。

(3)介绍参会的有关领导和成员。

(4)上级领导及受评单位领导致辞。

(5)参评安全生产标准化条件重申与确定。

(6)介绍受评单位参评适宜的标准与规范以及此次评审的目的、范围和依据。

(7)宣读企业承诺声明以及评审单位人员公正、保密性承诺。

(8)宣读评审单位保密承诺。

(9)受评单位汇报安全生产标准化建设情况及绩效。

(10)专家和有关领导代表提问。

(11)评审组组长介绍现场评审分工、评审方法和相关安排。

(12)确定受评单位陪同人员名单并确定联系人。

(13)首次会议结束,下一步开始进行现场评审。

5.3.1.2 接受现场评审企业承诺

按要求,受评单位的第一责任人要做出受评过程中所提供的所有资料和证据合法、真实、有效等相关承诺,并签字认可。

5.3.1.3 评审单位保密承诺

按要求,评审组组长代表评审单位承诺,对受评单位提供的资料保密,在评审过程中保持公平、公正及不收取与咨询无关的任何费用和物资等。

注:评审企业承诺与评审单位保密承诺在首次会议上宣读后交企业留存。

5.3.2 考评与评审报告

5.3.2.1 考评

(1)评审过程

评审过程主要步骤如下:

①××××年××月××日,签订咨询、评审合同;

②××××年××月—××××年××月,现场咨询、查阅资料及现场检查;

③××××年××月××日,制订评审计划;

④××××年××月××日,评审首次会议,现场评审;

⑤××××年××月××日,评审末次会议;

⑥做出评审结论,提出持续改进建议;

⑦××××年××月××日—××月××日,编制并提交评审报告。

(2)评审方法

包括提问、交谈、查阅文件、查阅记录、现场观察、现场检查、资料核对、抽查考核、现场查证等。

①文件评审:对各种文件、安全生产责任制、安全生产规章制度、操作规程和企业安全标准化自评报告的真实性和符合性进行审查。

②资料评审:对企业安全管理及安全生产标准化运行的各种记录、资料、图纸等,进行真实性和符合性审查。

③现场评审:检查施工区域、作业场所,进行真实性和符合性审查,对存在的问题提出整改建议。

④评审过程中采取提问、交谈、查阅文件和记录、现场检查等方式进行真实性和符合性审查。

⑤留下评审记录、照片等资料。

(3)评审程序(见图5-1)

(4)评定标准适应性分析

根据被评审单位的生产实际情况和特点,依据《国民经济行业分类》(GB/T 4754—2011)和《企业安全生产标准化基本规范》(GB/T 33000—2016)的有关规定等。对地勘单位安全生产标准化的评审适用《金属非金属矿产资源地质勘查单位安全生产标准化实施指南》及《金属非金属矿产资源地质勘查单位安全生产标准化评分办法》。

(5)评定标准介绍

详见《金属非金属矿产资源地质勘查单位安全生产标准化实施指南》及《金属非金属矿

产资源地质勘查单位安全生产标准化评分办法》。

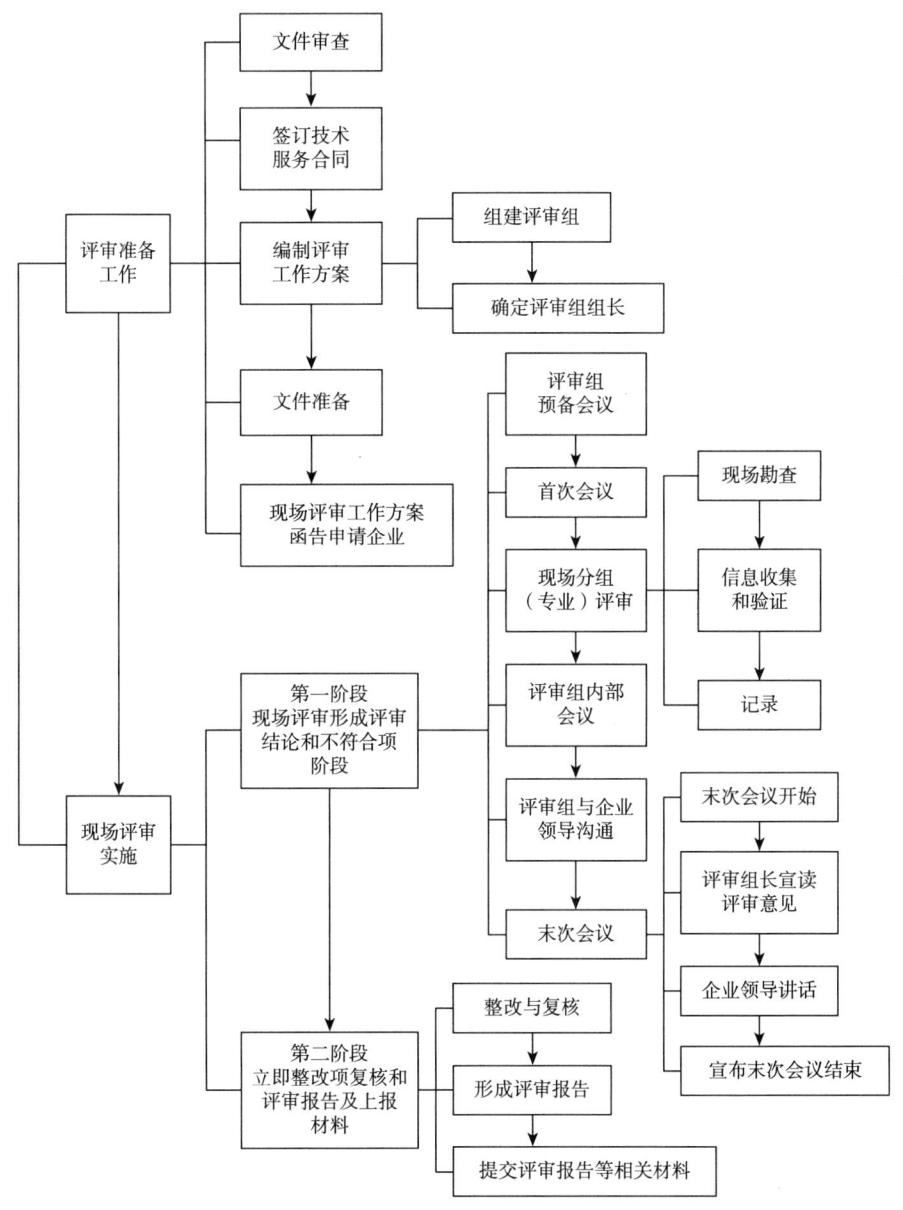

图 5-1 评审程序

(6) 资料评审情况

重点针对：企业资质及作业情况，目标、组织机构和职责，安全生产法律法规及安全管理制度，风险管理，安全教育与培训，生产工艺系统安全管理，设备设施安全管理，作业现场安全管理，职业卫生管理，安全投入与工伤保险，隐患排查治理及安全检查，应急救援、事故管理，绩效测量与评价，现场评审情况。

(7) 现场分组考评

根据受评单位的具体情况，将评审人员按照专业分为若干小组进行分组现场评审，每小组至少有一名与评审工作相适应的评审员或评审专家,并确定小组长,受评单位应为每个评审小组配备专业技术人员全程陪同,以便解释相关问题。

(8)资料评审及作业现场评审组内部会议

评审现场分组评审结束后,评审组需要独立召开内部会议,各小组召开碰头会,完成小组评审意见;各小组意见汇总后,对照适用的《金属非金属矿产资源地质勘查单位安全生产标准化实施指南》及《金属非金属矿产资源地质勘查单位安全生产标准化评分办法》的有关规定,对给分点、扣分点、不符合项等进行汇总,形成一致的、公正客观的意见,并给出现场评审结论和等级推荐意见。

(9)专家组与受评单位领导沟通

在评审组内部会议形成现场评审结论后,末次会议前,根据需要,评审组应就现场评审结论与受评单位领导进行沟通,并达成一致意见。

(10)末次会议议程

末次会议是现场评审最后工作,所有首次会议的参会人员都应参加并签到,会议由现场评审组组长(评审单位的评审员)主持。议程如下:

①主持人宣布末次会议开始,并对现场评审工作进行简短总结。

②现场评审小组分别汇报各小组评审结论和意见。

③评审组长宣布现场评审结论、意见和建议。

④现场评审受评单位领导发言。

⑤主持人宣布末次会议结束,现场评审工作完成。

(11)后续活动的实施

评审单位与受评单位应约定在现场评审过程中对发现的问题,要规定整改完成的时间和整改完成后的验证工作和方式方法,其中所发现的问题包括各小组的全部意见,重点关注评审组的汇总意见,受评单位对问题整改完成后,通知评审单位,由评审单位进行复查,若通过文字和图片形式可验证整改效果的,可将整改材料报送评审单位,若需要进行现场验证的,由评审单位组织人员进行现场验证。通过现场验证的,将验证情况报评审单位;若整改不合格的,则要求受评单位继续整改,直至通过现场验证要求为止。

5.3.2.2 编写评审报告

(1)安全生产标准化评审报告的基本要求

企业安全生产标准化评审单位应严格按照国家、省颁布的安全生产标准化管理规范、文件、评定标准开展工作。评审报告应内容全面、重点突出、条理清楚、数据完整、取值合理、评审结论客观、公正,提出的建议应有针对性和可操作性。

评审小组成员不少于5人,评审员与评审专家符合相关行业评审管理规定。

(2)安全生产标准化评审报告编制内容

①按《企业安全生产标准化基本规范》(GB/T 33000—2016)和相关行业安全生产标准化评定标准编写。

②评审报告应反映企业安全生产标准化创建过程、取得的成果、存在的问题以及建立持续改进长效机制的运行情况。国家、省对于标准化建设或要素评审内容另有要求的,应根据实际需要进行调整和补充。但整体成文至少应包括概述,评审程序和评审方法,评定标准适应性分析,要素评审、评分汇总及评审综述,改进建议与核查,评审结论这六个方面的内容。

(3)正文内容

①概述

a.企业简介。包括企业性质、地理位置和交通、所属行业和专业、主要产品、产量及销售收入、主要生产工艺流程、主要原材料、生产能力和规模、生产方式和主要设备设施及辅助设施、从业人员及特种作业人员数量、专职安全管理人员数量、企业下属单位情况、企业危险源及重大危险源说明等。

b.安全生产标准化创建与运行情况。

c.近三年伤亡事故与职业危害情况。

d.评审过程简述。

②评审程序和方法

a.评审范围;

b.评审依据;

c.评审方法;

d.评审程序;

e.评审时间。

③评定标准适应性分析

a.根据企业实际和设备(设施)情况,依据《国民经济行业分类》(GB/T 4754—2011)判别企业所属的行业和专业,确定适用的评审标准,并对所运用标准的适用性进行分析。

b.国家或省已经出台该行业(专业)安全生产标准化评定标准的,应优先使用行业(专业)安全生产标准化评定标准。

c.国家、省未制定该行业(专业)安全生产标准化评定标准的,按相关评分办法进行评审。

④要素评审、评分汇总及评审综述

a.对有参评前置条件的,要进行检查确认。

b.要素评审:对被评审企业安全生产标准化评定标准规定的所有评审要素的落实情况及运行效果,采用表格或文字描述等形式,对照评分标准,逐项进行评分。对不符合项(扣分项),应进行扣分原因的说明,并注明具体的部门(车间)、部位等。

c.评审评分汇总表:用表格形式反映各核心要素(或 A 级要素、1 级要素,必要时至 B 级要素、2 级要素)评审的结果分值。

d.评审综述。对评审情况进行概括性描述。

⑤改进建议与核查

根据评审情况,提出改进建议,对列入"立即整改"的建议,被评审企业应立即组织整改,评审单位应对整改结果组织复核。对列入"限期整改"的建议,被评审企业应按照"五落实"(整改措施落实、资金落实、时限落实、责任落实、应急预案落实)的原则制订整改计划,并对能否按计划完成及预期效果做出说明。

⑥评审结论

应从以下几方面做出描述:

a.明确评审依据的主要评定标准。

b.评审实际得分值(保留1位小数)。

c. 安全绩效。

d. 明确该企业是否达到安全生产标准化企业相应的等级。

e. 建立安全绩效持续改进的长效机制的措施等。

(4)附录

包括但不限于以下内容:

①企业接受现场评审、具备评审条件的声明;

②企业自评报告封面及自评结论(复印件);

③评审真实性及保密承诺;

④评审计划;

⑤评审及参与评审人员首、末次会议签到表;

⑥评审小组及评审组意见表;

⑦评审扣分点及原因说明汇总表;

⑧企业整改计划;

⑨评审前后整改对照照片,考评员现场工作记录;

⑩其他。

(5)附件

①报告基本内容要求

- 封面(见附件1)及评审报告表(见附件2)。
- 评审单位资质。
- 著录项(见附件3)。
- 目录。
- 正文。
- 附录。

②正文要求

一级标题:小三号大标宋加粗;二级标题:四号宋体加粗;三级标题:四号宋体;正文:小四号宋体;行距:1.25倍行距;页边距:左28 mm、右20 mm、上25 mm、下20 mm;页码:单页码右,双页码左。

③报告装订

采用A4幅面,彩色封面,左侧胶装,现场工作记录照片彩色打印。

附件1 《企业安全生产标准化评审报告》封面

附件2 评审报告表

附件3 著录项(即参与评审报告的评审人员)

附件 1

报告编号：

企 业 安 全 生 产 标 准 化

评 审 报 告

申请企业：_____

评审单位：_____

评审行业：_____ 专业：_____

评审性质：_____ 级别：_____

评审日期：_____ 年 月 日至 _____ 年 月 日

国家安全生产监督管理总局制

附件 2

评审报告表

评审单位情况					
评审单位					
单位地址					
主要负责人		电 话		手 机	
联系人		电 话		传 真	
		手 机		电子邮箱	

续表

评审小组成员		姓　名	单位/职务/职称	电　话	备注(证书编号)
	组长				
	成员				

申请企业情况			
申请企业			
法定代表人		电　话		手　机	
联系人		电　话		传　真	
		手　机		电子邮箱	

评审结果	
评审等级：□一级　□二级　□三级	评审得分：

评审组组长签字：

评审单位负责人签字：
　　　　　　　　　　　　　　　　(评审单位盖章)
　　　　　　　　　　　　　　　　　年　月　日

评审组织单位意见：

　　　　　　　　　　　　　　　　(评审组织单位盖章)
　　　　　　　　　　　　　　　　　年　月　日

制度文件评审综述：

现场评审综述：

评审扣分项及整改要求(另附表提供)：

续表

建议：	
评审组组长： 　　年　月　日	审批人/日期： 评审单位盖章

评审报告首页评审单位填写名称并盖章。

附件 3

参与评审报告评审人员

	姓　名	证书编号	专　业	签字
评审组组长				
评审组成员				
报告编制人				
报告审核人				

5.3.3　组织专家现场验证

由发证单位委托专门机构组织专家到被考评单位进行现场验证，如图 5-2 所示。

图 5-2　组织专家现场验证

5.3.4 安全生产标准化报告审核及现场核查指导意见(不予通过部分)

5.3.4.1 评审机构提交材料有下列情形之一的不予通过

(1)企业自评资料部分

①申请企业名称与工商营业执照不一致的;无营业执照的生产单元,未提供上一级有工商营业执照的法人单位加盖公章的书面说明的。

②未提供已依法取得国家规定的法定资格证或相应行政许可的(没有法定资格证或相应行政许可的应附说明)。

③申请评审的企业未提供在申请评审之日的前1年内无生产安全死亡事故证明(安监部门或上级主管部门)的。

④自评报告格式错误(封面及格式不符合自评报告编制导则)。

⑤无市级安监部门或上级主管部门推荐意见(在评审申请表的推荐意见中未盖章)。

⑥评审人员表中未加注说明评审人员是否经过内审员或评审员的专项培训。

⑦无重大危险源备案证(无重大危险源的企业,未附书面说明的)。

⑧无安全生产管理制度清单(安全生产管理制度目录)。

⑨无安全生产管理机构及主要负责人、安全管理人员名录(或者有名录但持证情况不符合规定的)。

⑩无工厂平面布置图(复印件)。

⑪无自评扣分项目汇总表及整改计划。

⑫高危行业及其他行业重点岗位未缴纳安全生产责任险。

⑬"两化"体系未正常运行(未提供连续三个月的两化运行绩效达到二类的网上截图)(湖北省专有部分)。

⑭无企业承诺书(自评报告内容真实性、客观性的承诺;整改计划按进度实施的承诺;按安全生产标准化要求运行、做到持续改进和巩固提高的承诺)。

(2)评审报告部分

①评审标准使用错误的。

②评审的企业不符合本省安全生产标准化评审工作管理规定(如《湖北省企业安全生产标准化评审工作管理细则(试行)》)关于申请安全标准化评审企业应具备条件的规定。

③评审单位未提出整改建议的。

④问题整改的验证资料不全的。

⑤企业标准化建设情况未予检查或检查结果严重不符的:

a.无企业自评报告合规性检查表记录的(说明:以湖北省为例,合规性检查记录是评审机构按照《湖北省企业安全生产标准化自评报告资料合规性检查表》检查的结果记录);

b.自评资料中有否决项并提交的;

c.自评报告的一般不符合项和专家审核新发现的一般不符合项总数累计达20项的。

⑥评审报告主要单元有缺项的。

⑦评审报告有明显不真实或弄虚作假的。

⑧专家组确定的其他否决项。

5.3.4.2 现场核查有下列情形之一的不予通过

(1) 有重大隐患未销号的;
(2) "三同时"手续不完备或未按有关规定进行整改的;
(3) 未按规定进行安全评价的;
(4) "两重点一重大"监测控制不符合规定的;
(5) 主要工艺单元描述错误或与实际不符合的;
(6) 现场发现重大安全隐患的;
(7) 评审报告整改复查结果与专家现场核查结果严重不符或评审报告弄虚作假的;
(8) 专家现场核查新发现的不符合项超过评审报告中不符合项50%的;
(9) 专家组确定的其他否决项。

5.3.5 公告、发证与授牌

5.3.5.1 审核、公告

经专家组织现场验证后对符合要求的,由审核公告的单位或部门进行审核,对符合标准的受评单位在政府专门的网站上进行公告;对不符合标准的,要书面通知受评单位和评审单位,并说明理由。对评审结果未达到申请等级的,经申请单位同意,受理申请的政府部门(协会)根据评审实际达到的等级,将申请、评审材料转交对应的政府部门(协会)审核、公告。

5.3.5.2 由发证机关发证与授牌

经公告的企业,由相应的评审组织单位颁发相应等级的安全生产标准化证书和牌匾,有效期为3年。证书和牌匾由国家安全生产监督管理总局统一监制,统一编号(证书样式、牌匾式样如图5-3和图5-4所示)。

图5-3 证书的正、反面

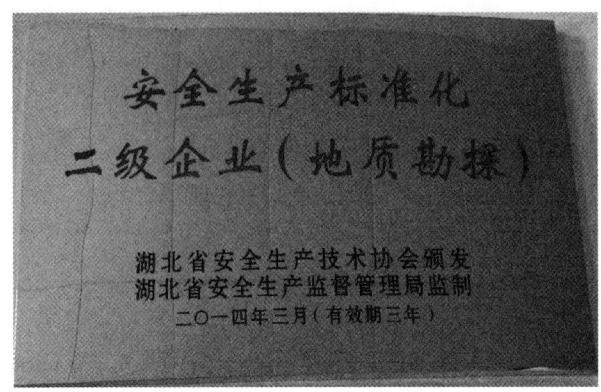

图 5-4 授牌(铜牌)

5.3.6 持续改进

5.3.6.1 每年度组织自评和管理评审,按照 PDCA 循环不断改进

取得安全生产标准化证书的企业,每年需要对本单位的安全生产标准化工作进行总结、组织自评工作小组按照 PDCA 循环不断改进整改,年终必须对标准化工作进行自评和评审,形成自评报告报地方政府相关部门备案。

5.3.6.2 接受考评机构监督和复核

当安全生产标准化评审通过后,每年年度自评和评审符合相关要求,3 年有效期届满后,必须重新申请复评,合格后换发证书和牌匾。安全生产标准化一、二级企业申请期满复评时,如果安全生产标准化评定标准已经修订,应重新申请评审。安全生产标准化达标企业提升达到高等级标准化企业要求的,可以自愿向相应等级评审组织单位提出申请评审。

满足以下条件,期满后可直接换发证书、牌匾:

(1)按照规定每年提交自评报告并在企业内部公示。

(2)建立并运行安全生产隐患排查治理体系。一级企业达到一类水平,二级企业达到二类及以上水平,三级企业应达到三类及以上水平,实施自查自改自报。

(3)未发生生产安全死亡事故。

(4)安全监管部门在周期性安全生产标准化检查工作中,未发现企业安全管理存在突出问题或者重大隐患。

(5)未改建、扩建或者迁移生产经营、储存场所,未扩大生产经营许可范围。

5.3.6.3 撤销

取得安全生产标准化证书的企业,在证书有效期内发生下列行为之一的,由原公告单位公告撤销其安全生产标准化企业等级,被撤销安全生产标准化等级的企业,自撤销之日起满 1 年后,方可重新申请评审。被撤销安全生产标准化等级的企业,应向原发证单位交回证书、牌匾。

(1)在评审过程中弄虚作假、申请材料不真实的;

(2)迟报、漏报、谎报、瞒报生产安全事故的;

(3)企业发生生产安全死亡事故的。

附录1 金属非金属矿产资源地质勘查单位安全生产标准化实施指南

中华人民共和国安全生产行业标准 AQ/T 2064—2018

2018-05-22 发布,2018-12-01 实施
中华人民共和国应急管理部 发布

前 言

本标准按照 GB/T 1.1—2009 给出的规则起草。

本标准由原国家安全生产监督管理总局监管一司提出。

本标准由全国安全生产标准化技术委员会非煤矿山分技术委员会(SAC/TC288/SC2)归口。

本标准起草单位:湖北省地质局、中国地质大学(武汉)、湖北省安全生产监督管理局、中钢集团武汉安全环保研究院、中国冶金地质总局。

本标准主要起草人:周兴和、赵云胜、胡东涛、舒永健、郑应国、王先华、谢汉辉、张昭军、周兴连、曾旺、周焕明、刘国圣、吴军、张所邦、李建璞、郭海林、林强。

1 范围

本标准规定了金属非金属矿产资源地质勘查单位安全生产标准化系统的创建原则、核心内容以及创建过程。

本标准适应于金属非金属矿产资源地质勘查单位安全生产标准化建设工作的技术咨询、服务、评审与监督管理。

2 规范性引用文件

下列文件对于本文件的应用是必不可少的。凡是注日期的引用文件,仅注日期的版本适应于本文件,凡是不注日期的引用文件,其最新版本(包括所有的修改单)适用于本文件。

GB 2893　　安全色

GB 2894　　安全标志及其使用导则

GB 6067　　起重机械安全规程

GB/T 29639　　生产经营单位生产安全事故应急预案编制导则
AQ 2004　　　　地质勘探安全规程
AQ 2049　　　　地质勘查安全防护与应急救生用品（用具）配备要求
JGJ 46　　　　　施工现场临时用电安全技术规范
财政部、国家安全生监督管理总局　财企〔2012〕16号　企业安全生产费用提取和使用管理办法

3　术语和定义

下列术语和定义适用于本文件。

3.1
金属非金属矿产资源地质勘查作业 metal nonmetallic mineral resources geological exploration work

在依法批准的金属非金属矿产资源地质勘查作业区范围内从事矿产地质勘查、基础地质、环境地质、地质科学研究等活动。主要包括：地质测量、地形测绘（遥感）、物化探勘查、钻探、坑探、浅井、槽探、地质工程勘察、地质灾害防治、水文地质、工程地质、环境地质勘查作业和岩矿测试等。

3.2
地质勘查单位 organization of geological exploration

依法取得地质勘查资质并从事矿产地质勘查、基础地质、环境地质、地质科学研究等活动的企（事）业单位。

4　一般规定

4.1　概述

4.1.1　地质勘查单位应结合本单位特点，依据本标准的要求建立与保持安全生产标准化体系。

4.1.2　安全生产标准化体系的内容包括：
　　——目标与计划；
　　——组织机构与责任；
　　——法律法规与安全管理制度和台账；
　　——安全投入；
　　——风险管理；
　　——安全教育培训；

——生产设备设施；
——地质勘查作业安全；
——安全检查与隐患治理；
——职业健康；
——应急救援；
——事故报告、调查与处理；
——绩效评价与持续改进。

4.2 实施原则

4.2.1 地质勘查单位安全生产标准化体系的建设，应注重科学性、规范性和系统性，立足于危险有害因素辨识和风险评价控制，充分体现风险管理和事故预防的理念，并与地质勘查单位现有管理体系有机结合。

4.2.2 安全生产标准化的建设，应确保全员参与，通过有效方式实现信息的交流和沟通，反映地质勘查单位自身生产作业特点及安全绩效的持续改进和提高。

4.3 安全生产标准化建设与运行步骤

4.3.1 地质勘查单位安全生产标准化建设过程包括：准备与策划、实施与运行、监督检查和绩效评价、持续改进。

4.3.2 准备与策划：地质勘查单位应制定安全生产标准化建设工作计划，并对本单位安全生产管理现状进行初始评价，依据初始评价的结果和《金属非金属矿产资源地质勘查单位安全生产标准化评分办法》的要求，确定建立安全生产标准化体系的内容。

4.3.3 实施与运行：地质勘查单位应根据策划方案，落实安全生产标准化体系的各项要求，提供有效运行的必要资源，建立标准化体系，并保障其有效运行。

4.3.4 监督检查和绩效评价：地质勘查单位应对安全生产标准化的运行情况进行监督、检查和内部绩效评价，及时发现运行过程中的问题，提出整改措施。

4.3.5 持续改进：地质勘查单位应根据绩效评价的结果，不断完善安全生产标准化体系，逐步提高安全生产标准化管理水平。

4.4 安全生产标准化评定

4.4.1 安全生产标准化评定依据

地质勘查单位安全生产标准化评定以《金属非金属矿产资源地质勘查单位安全生产标准化评分办法》为依据。

4.4.2 安全生产标准化评定方式

查验资料、现场考评和个别访谈相结合。

4.4.3 安全生产标准化评定原则

4.4.3.1 地质勘查单位安全生产标准化的评定得分，采用百分制。

4.4.3.2 地质勘查单位在安全生产标准化运行过程中，发生生产安全责任事故造成人员伤亡，并超过以下"表1"规定范围的，应由安全生产标准化监督管理部门取消事故单位"安全生产标准化达标资格"，经整改一年后重新进行安全生产标准化的达标评审。

4.4.3.3 根据安全生产标准化考评得分,将地质勘查单位安全生产标准化评定分为三个等级,一级为最高,每个等级的评定指标见表1。

4.4.4 安全生产标准化复评

安全生产标准化监督管理部门,对安全生产标准化已经达标的地质勘查单位至少每三年进行一次复评。

表1 地质勘查单位安全生产标准化评定等级标准分值及否定项

标准等级	标准分值	否定项
一级	≥90分	评审年度内重伤以上的生产安全责任事故为"0"
二级	≥75分	评审年度内发生生产安全责任事故造成人员重伤≤1人
三级	≥60分	评审年度内发生生产安全责任事故累计造成人员重伤≤2人

5 核心内容及其要求

5.1 目标与计划

5.1.1 目标与计划的制定

5.1.1.1 地质勘查单位应建立健全目标与计划管理制度。

5.1.1.2 地质勘查单位应结合不同的作业方法、手段和作业环境等因素,制定安全生产目标与计划。

5.1.1.3 目标与计划的主要内容应体现:

——依据充分、目标计划明确、层层分解;

——结合地质勘查作业特点;

——伤亡指标;

——经济损失指标;

——职业健康指标;

——主要安全工作的日常管理指标等。

5.1.2 目标与计划的分解

地质勘查单位应结合相应的职能部门和所属二级单位的作业特点对目标与计划进行分解,并明确职责、权利和义务。

5.1.3 目标与计划的沟通与传达

5.1.3.1 地质勘查单位为使目标与计划的全面完成,在目标与计划下达前应与相关方进行充分沟通与传达。

5.1.3.2 向从业人员及时传达所制定的目标与计划,使全体从业人员熟悉并掌握。

5.1.4 目标与计划的检查、考核

地质勘查单位应对目标与计划的完成情况定期进行检查和考核。

5.1.5 目标与计划的修订

5.1.5.1 地质勘查单位对需要调整的目标与计划应及时进行修订和发布,以确保目标与计划的适宜性。
5.1.5.2 地质勘查单位应在目标与计划的实施、检查考核过程中建立全面、真实的记录资料,并存档。

5.2 组织机构与责任

5.2.1 机构设置与人员配备
5.2.1.1 地质勘查单位应建立健全机构设置与人员配备的管理制度。
5.2.1.2 地质勘查单位应依法设置安全生产管理机构,配备具备地质勘查安全生产管理知识和能力的安全生产管理人员。
5.2.1.3 对野外工作周期长、投入从业人员多、施工方法多、作业环境恶劣、管理难度大的重点或大型地质勘查项目部,应分别设安全总监、专职安全生产管理人员。
5.2.1.4 对一般地质勘查项目部应根据从业人员数量大小,依法设置专(兼)职安全生产管理人员。
5.2.1.5 安全生产管理人员应以文件形式明确其职责、权限和义务。
5.2.2 安全生产委员会
5.2.2.1 地质勘查单位应成立安全生产委员会,所属二级单位或项目部应成立安全生产领导小组,应以正式文件形式明确其职责、权限和义务。
5.2.2.2 安全生产委员会每季度至少召开一次会议,研究部署安全生产工作,下发会议纪要,并保留会议签到表和会议记录。
5.2.2.3 所属二级单位安全生产领导小组每月至少召开一次专题会议,所属项目部的安全生产领导小组每周至少召开一次专题会议,研究解决安全生产管理过程中的重点和难点问题,并保留会议签到表和会议记录。
5.2.3 安全生产责任制的建立
5.2.3.1 地质勘查单位应建立健全安全生产责任制管理制度。
5.2.3.2 安全生产责任书的内容应量化、具体、责任明确,可考核。
5.2.3.3 安全生产责任书应逐级签订,并包含以下层次:
——地质勘查单位与所属二级单位、职能部门;
——二级单位与所属项目部;
——项目部与机台班组、重点岗位。
5.2.4 安全生产责任制的检查与考核
5.2.4.1 定期检查考核安全生产责任制的落实情况。
5.2.4.2 定期检查考核安全生产责任的熟知程度和履职情况,考核应符合以下要求:
——每年至少考核1次,保留考核记录;
——职能部门与责任人员的职责逐项进行考核;
——考核结果要与责任人年度经济收入挂钩;
——针对考核发现的问题要提出纠正和预防措施;
——安全生产责任制的考核结果应进行公示。
5.2.4.3 根据检查考核结果,对安全生产责任制的适宜性进行评估并完善。

5.3 法律法规、安全管理制度与档案管理

5.3.1 法律法规、标准规范

5.3.1.1 识别与获取

地质勘查单位应建立安全生产法律法规、标准规范的识别与获取管理制度。定期识别和获取有效、适用的安全生产法律法规、标准规范,并列出清单。

5.3.1.2 发布与传达

地质勘查单位及时发布有效、适用的安全生产法律法规、标准规范目录,并组织从业人员学习与培训。

5.3.1.3 更新与转化

地质勘查单位应及时更新相关的安全生产法律法规、标准规范目录,将更新的相关安全生产法律法规、标准规范及时转化为本单位安全生产管理制度。

5.3.2 安全生产管理制度、岗位安全操作规程

5.3.2.1 建立与发布

地质勘查单位应依据相关安全生产法律法规、标准规范,建立健全符合本单位实际的安全生产管理制度、岗位安全操作规程,并及时发布、实施。

5.3.2.2 检查与考核

地质勘查单位应为从业人员培训学习各项安全生产管理制度、岗位安全操作规程提供充分的条件和资源;

地质勘查单位对各项安全生产管理制度、岗位安全操作规程的执行情况,应定期进行检查、考核,及时了解和掌握从业人员对安全生产管理制度、岗位安全操作规程的熟知程度,建立检查、考核记录,并归档;

地质勘查单位应根据检查、考核结果,对安全生产管理制度、岗位安全操作规程的适宜性和有效性进行评价。

5.3.2.3 更新与修订

地质勘查单位根据更新的法律法规、标准规范对相关的安全生产管理制度、岗位安全操作规程及时组织修订、完善,修订、完善后的安全生产管理制度、岗位安全操作规程应由单位主要负责人及时签署发布、实施。

5.3.3 文件与档案管理

5.3.3.1
地质勘查单位应建立健全安全生产文件收、发登记,档案资料的收集、整理、分类与存档管理制度。

5.3.3.2 对安全生产文件收、发、阅办等进行登记。

5.3.3.3
地质勘查单位应建立健全符合本单位实际的安全生产管理台账,并明确各类台账的作用、内容、资料收集、填写等要求。

5.3.3.4 各项安全管理记录、台账资料的整理归档,应符合下列要求:

——完整反映安全生产管理过程;
——内容符合真实性、及时性、全面性;
——填写清晰、签署完整;
——分类明确、编号清晰;

——易于识别与检索；

——及时整理、分类、归档保存。

5.3.3.5 地质勘查单位安全生产管理档案资料，应按年度及时进行整理归档。

5.3.3.6 地质勘查单位安全生产管理档案资料的分类装订、分类归档，应符合下列要求：

——A卷　安全生产法律法规、安全生产管理制度、岗位安全操作规程、管理台账格式；

——B卷　目标与计划、组织机构与责任、安全投入；

——C卷　风险管理、安全教育培训、生产设备设施；

——D卷　地质勘查作业安全、安全检查与隐患整改、职业健康；

——E卷　应急救援、事故报告、调查与处理、绩效评价与持续改进。

5.4 安全投入

5.4.1 安全生产费用的计提与核算

5.4.1.1 地质勘查单位应依法依规保障安全投入。

5.4.1.2 地质勘查单位应按照财企〔2012〕16号文件规定比例及时足额提取安全生产费用、并专户核算。

5.4.2 安全生产费用的使用

5.4.2.1 地质勘查单位应依据危险有害因素辨识和风险评价结果，以及安全生产目标与计划等，编制年度安全生产费用预算。

5.4.2.2 地质勘查单位应依据财企〔2012〕16号文件所规定的范围安排使用，不得挤占、挪用。

5.4.2.3 安全生产管理部门应根据财务核算信息建立安全生产费用提取、使用、年度结余等综合管理台账。

5.4.3 工伤保险

5.4.3.1 地质勘查单位应建立全员工伤保险管理制度。

5.4.3.2 地质勘查单位应为全员及时足额缴纳工伤保险费用。

5.4.3.3 地质勘查单位应为野外地质勘查从业人员购买意外伤害保险。

5.4.3.4 从业人员发生工伤后能够及时享受相应的工伤保险待遇。

5.4.3.5 对参保人员缴费相关的个人信息应进行登记建档，并保存。

5.5 风险管理

5.5.1 风险管理

地质勘查单位应建立健全风险管理制度，并有效执行。

5.5.2 危险有害因素辨识

5.5.2.1 危险有害因素辨识范围应覆盖本单位所有作业方法手段、作业环境、设备设施及全部生产经营、生活场所。

5.5.2.2 地质勘查单位对危险有害因素的辨识结果进行分类建档，并提出防控措施，把危险有害因素控制在可控范围。

5.5.2.3 地质勘查单位应根据危险有害因素的辨识结果对从业人员进行危险有害因素告知和安全技术交底。

5.5.3 风险评价

5.5.3.1 地质勘查单位应对本单位存在的危险有害因素进行风险评价、等级划分,形成评价报告。

5.5.3.2 地质勘查单位在进行风险评价时应综合考虑下列因素:
——地质勘查不同作业方法手段与作业中的过程风险;
——设备设施风险;
——地质勘查作业区及周边环境风险;
——职业卫生风险;
——管理风险;
——在非正常条件下潜在的事故隐患风险等。

5.5.3.3 地质勘查单位应根据风险评价结果进行分类、分级管理,建立风险登记档案。

5.5.4 风险控制

5.5.4.1 地质勘查单位应根据危险源辨识与风险评价结果,制定相应的风险控制措施。

5.5.4.2 地质勘查作业风险防控措施应符合下列原则:
——制定有效防控措施,最大限度地消除风险;
——注重教育、增强全员安全意识与能力;
——有效做好个体防护;
——强化作业过程的监管。

5.6 安全教育培训

5.6.1 教育培训管理

5.6.1.1 地质勘查单位应建立健全安全教育培训管理制度,并有效执行。

5.6.1.2 地质勘查单位应确定安全教育培训主管部门,按规定及岗位需要,定期识别安全教育培训需求,制定、实施安全教育培训计划,提供相应的资源保证。

5.6.1.3 应做好安全教育培训记录,建立安全教育培训档案,实施分级管理,并对培训效果进行评估和改进。

5.6.2 主要负责人及安全生产管理人员

地质勘查单位主要负责人及安全生产管理人员,应具备与本单位所从事的生产经营活动相适应的安全生产知识和能力,须经考核合格。

5.6.3 从业人员

5.6.3.1 地质勘查单位应对从业人员进行安全教育和生产技能培训,使其熟悉有关的安全生产规章制度和安全操作规程,并确认其能力符合岗位要求。未经安全教育培训,或培训考核不合格的从业人员,不得上岗。

5.6.3.2 地质勘查单位对新招聘的从业人员在上岗前应经过三级安全教育培训。

5.6.3.3 对新工艺、新技术、新材料、新设备投入使用前,应对有关从业人员进行专门的安全教育和技能培训。

5.6.3.4 对从业人员转岗和离岗一年以上重新上岗者,应进行岗前安全教育培训,经考核合格后,方可上岗。

5.6.3.5 特种作业人员应取得特种作业操作资格证书方可上岗。

5.6.4 其他人员

5.6.4.1 地质勘查单位应对相关方的从业人员进行入场前的安全教育培训。

5.6.4.2 地质勘查单位应对外来参观、学习等人员进行入场前的安全教育和安全告知。

5.6.5 教育培训记录

各项安全教育培训应建立签到、教育培训、考核记录档案,并保留。

5.7 生产设备设施

5.7.1 生产设备设施管理

5.7.1.1 地质勘查单位应建立主要生产设备设施管理制度,有效控制设备设施的安装、使用、维护和报废过程。

5.7.1.2 地质勘查单位应建立主要生产设备设施安全管理台账,以保障设备设施的安全有效运行。

5.7.1.3 地质勘查单位所使用的设备设施应符合国家和行业标准规范要求。

5.7.1.4 地质勘查单位所使用的特种设备应有检测检验部门核发的有效合格证。

5.7.2 生产设备设施使用与维护

5.7.2.1 地质勘查单位应针对设备设施使用过程中的风险辨识与评价结果,制定设备设施的维护计划,组织有效实施,并建立设备设施维护保养记录档案。

5.7.2.2 对设备设施可能存在的危险有害部位应采取有效的安全防护措施。

5.7.2.3 需要强制性进行检测检验的特种设备设施,应经具有特种设备设施检测检验资格的机构检验合格后,方可投入使用。并有专人负责日常的检查、维护工作,建立特种设备设施检查维护记录档案。

5.7.3 生产设备设施报废

5.7.3.1 对未达到规定使用年限,但已经存在较大安全隐患经评估应该提前报废的设备设施,应按规定及时进行报废处理。

5.7.3.2 对已经达到报废期限的生产设备设施,应按规定及时进行报废处理。

5.8 地质勘查作业安全

5.8.1 作业过程控制

5.8.1.1 地质勘查单位应建立地质勘查作业过程管控制度,并有效执行。

5.8.1.2 地质勘查作业主要包括下列工作项目:

——地质测量作业;

——地形测绘(遥感)作业;

——物、化探作业;

——钻探工程作业;

——坑探工程作业;

——浅井工程作业;

——槽探工程作业;

——地质工程勘察作业;

——地质灾害防治作业;

——水文地质、工程地质、环境地质勘查作业；

——岩矿测试等。

5.8.1.3 地质勘查作业过程应符合 AQ 2004 的规定,从业人员应熟知本岗位安全操作规程、岗位职责,具备应急处置的自救互救技能。

5.8.1.4 地质勘查单位在项目施工前应编制相应的施工设计方案。从事坑探施工时,所编制的施工设计方案中应有安全专篇,并经项目所在地县以上安全生产监督管理部门审定备案后,方可施工。

5.8.1.5 野外作业配有车辆或其他交通工具的,出工前应对车辆或其他交通工具进行检查。需要临时租用车辆时,应对车况、司机资格和驾驶技能等进行检查考核,并确认车况良好、驾驶技术稳定,以保障安全行驶。

5.8.1.6 野外地质勘查小组作业时,每个小组应有二人或二人以上,并签订安全互保协议或安全责任书。

5.8.1.7 当遭遇台风、雨雪、沙尘等恶劣天气时,应停止野外地质勘查作业。

5.8.1.8 地质勘查作业过程中的临时用电应符合 JGJ 46 的相关规定。

5.8.1.9 地质勘查作业过程中使用起重机械起吊钻机等设备时,应遵守 GB/T 6067 的规定。

5.8.1.10 对新开工的野外地质勘查施工项目,开工前应做好作业区域范围内的危险有害因素辨识、开工前的安全检查与验收、安全技术交底、危险有害因素岗前告知和安全教育培训。

5.8.1.11 因各种因素影响而长期停工的施工项目,在复工前应对作业区域内的作业环境、设备设施等进行安全检查和验收,并对从业人员进行安全教育培训。

5.8.1.12 上述作业过程的安全管理应建立原始记录或台账,并存档。

5.8.2 作业环境管理

5.8.2.1 地质勘查单位应建立作业环境管理制度,并有效执行。

5.8.2.2 作业环境管理的范围应包括:作业现场环境、作业区周边环境和安全警示标志管理等。

5.8.2.3 对作业区域内存在职业危害的部位应按规定设置相应的职业病危害告知牌,并明确告知内容和职业危害警示标志等。

5.8.2.4 在较固定的作业场所应有防范洪水、泥石流等自然灾害的安全防护措施。

5.8.2.5 作业场地应布局合理,设备设施之间留有足够安全距离,通风、采光、照明应符合安全作业要求,消防应急通道保持通畅,材料、工具摆放整齐、平稳,作业区域内卫生、整洁,办公区、宿舍区与食堂应保持一定的安全距离,并设置在安全地带。

5.8.2.6 对可能产生放射性、粉尘和其他有毒、有害气体的作业场所,应安装通风、净化过滤装置,并始终处于正常运行状态。

5.8.2.7 作业现场的重点部位应设置符合 GB 2894 和 GB 2893 等相应规定的安全警示标志和安全色。

5.8.3 相关方管理

5.8.3.1 地质勘查单位应建立健全相关方管理制度,并有效执行。

5.8.3.2 地质勘查单位不得将生产经营项目、场所、设备发包或者出租给不具备安全生产条件或者相应资质的单位或者个人。

5.8.3.3 地质勘查单位应建立相关方管理制度,并依法将相关方纳入本单位安全生产统一管理范围之内。

5.8.3.4 地质勘查单位应定期识别相关方可能带来的风险,对相关方的安全状态定期进行评价,建立相关方信用记录,并采取有效监管措施。

5.8.3.5 地质勘查单位应与相关方签订安全生产协议和施工或劳务合同,并在协议和劳务合同中明确双方的安全生产责任,权利与义务。

5.8.4 安全防护与应急救生用品

5.8.4.1 地质勘查单位应建立健全安全防护与应急救生用品管理制度,并有效执行。

5.8.4.2 地质勘查单位应通过野外作业风险分析,识别劳动防护用品的需求,并确定各工种劳动防护用品的配备标准。

5.8.4.3 地质勘查单位应根据 AQ 2049 的规定,为地质勘查从业人员配备和发放安全防护与应急救生用品,并进行劳动防护用品使用、维护、保养知识的教育培训。

5.8.4.4 应保留从业人员相关用品的发放记录。

5.8.5 变更

5.8.5.1 地质勘查作业方法手段等相关条件发生变更,在变更实施前应进行风险识别和评价,并提出相应的风险控制措施。

5.8.5.2 地质勘查单位应建立变更作业档案。

5.9 安全检查与隐患治理

5.9.1 安全检查

5.9.1.1 地质勘查单位应建立安全检查制度,并有效实施。

5.9.1.2 地质勘查单位所开展的安全检查频次应符合下列要求:
——地质勘查单位每季度至少开展一次综合性安全生产检查;
——所属二级单位或项目部每月至少开展一次综合性安全生产检查;
——机台每周至少开展一次综合性安全生产检查;
——班组每天一查;
——岗位每班三查。

5.9.1.3 安全检查的范围应涵盖本单位所有的生产、经营、生活等场所。

5.9.1.4 地质勘查单位每季度开展的综合性安全生产检查应符合下列程序:
——以正式文件下达检查通知;
——有检查过程记录及图片资料;
——各检查组检查情况汇报;
——召开安委会听取各检查组汇报的会议记录;
——下发安委会会议纪要或安全检查情况通报。

5.9.1.5 地质勘查单位应对参与安全检查的人员进行培训,使其掌握安全检查的程序和方法,明确检查的内容和要求,统一检查扣分的方法。

5.9.1.6 安全生产检查的主要内容应包括:
——各项管理制度的执行情况;

——安全生产管理机构设置及人员配备情况；
——安全生产责任制考核落实情况；
——作业现场的"三违"行为；
——防护用品发放及使用情况；
——安全教育培训和特种作业人员持证情况；
——安全生产费用的提取和使用情况；
——安全检查频次的落实情况；
——安全隐患整改、验收情况；
——生产设备、设施安全防护、检测、维护情况；
——作业现场重点部位、重点环节的安全防护情况；
——危险有害因素辨识及防范措施；
——应急处置能力和装备及药品等配备情况；
——各项安全管理原始记录、台账的整理、归档情况；
——其他需要检查的内容。

5.9.1.7 各项安全检查原始记录和过程照片资料应全面、真实，并存档。

5.9.2 隐患治理

5.9.2.1 地质勘查单位应建立健全隐患治理管理制度，并有效执行。

5.9.2.2 地质勘查单位应落实隐患治理措施，以保障安全生产。

5.9.2.3 地质勘查单位对安全检查所发现的安全隐患，能够立即治理的应在现场立即治理。不能立即治理的应下达《隐患治理通知书》，按照隐患治理的"五定原则"及时采取防范措施、制定治理方案、限期治理，并对隐患治理过程进行跟踪监管，同时做好隐患治理后的验收工作。

5.9.2.4 地质勘查单位应对下达的隐患治理通知书和隐患整改验收记录以及隐患整改前后的对比照片等资料进行整理，并存档。

5.10 职业健康

5.10.1 职业病危害识别与控制

5.10.1.1 地质勘查单位应定期识别作业过程中存在的职业病危害因素，并进行评价分析。

5.10.1.2 地质勘查单位应对职业病危害因素实施防控措施。

5.10.2 职业健康管理

5.10.2.1 地质勘查单位应制定从业人员职业健康管理制度，根据职业病危害因素及程度，对从业人员定期进行健康体检。

5.10.2.2 地质勘查单位应为在高原、高寒、边远、无人区等特别恶劣条件下的地质勘查作业人员配备野外救生和特殊生活用品等。

5.10.2.3 地质勘查单位应为可能接触放射性矿产、有毒、有害物质的从业人员配备必要的个体劳动防护用品。

5.10.2.4 作业环境对从业人员可能造成职业病危害的，应为从业人员进行岗前、岗中、岗后的体检，以保障从业人员的身心安全。

5.10.2.5 需要进入高原地区从事野外地质勘查作业的人员应进行岗前体检。

5.10.2.6 对野外作业需要独立设置食堂的项目部或作业小组,食堂工作人员应进行岗前健康体检,并持健康证上岗。

5.10.2.7 作业环境中可能产生粉尘、有毒、有害气体的,在做好日常作业环境监测的同时并安装通风、除尘设备,所排出的气体应符合国家或行业要求的排放标准。

5.10.2.8 作业过程中可能产生有毒、有害废水、废渣的,应集中收集处理、达标排放。

5.10.2.9 应建立从业人员职业健康监护档案,并按规定归档保存。

5.11 应急救援

5.11.1 应急管理

地质勘查单位应建立健全应急救援管理制度,并有效执行。

5.11.2 应急机构与应急队伍

5.11.2.1 地质勘查单位应当建立应急救援管理机构,并指定专人负责应急救援管理工作。具备条件的单位应当建立应急救援队伍;不具备条件的单位,应当按属地原则与当地应急救援组织签订救援协议。

5.11.2.2 应急救援人员应具备应急响应能力、设备操作能力、现场处置能力和救护能力等。

5.11.3 应急预案

5.11.3.1 地质勘查单位应建立健全下列应急救援预案:
——综合应急预案;
——专项应急预案;
——现场处置方案。

5.11.3.2 地质勘查单位所编制的《综合应急预案》和《专项应急预案》应符合 GB/T 29639 的要求。

5.11.3.3 地质勘查单位编制的《现场处置方案》应简单、明了、易实施,操作性强。

5.11.3.4 地质勘查单位所编制的各项应急预案,应覆盖本单位地质勘查作业不同的方法手段、作业环境。经专家评审或论证并由单位主要负责人签署后以正式文件发布实施。

5.11.3.5 应急预案应按要求在当地县级以上安监部门备案。

5.11.3.6 应急预案发布后,应对全员进行宣贯培训,使从业人员明确在应急救援过程中的责任与义务,熟知应急救援过程中的自救、互救知识等。

5.11.4 应急保障

5.11.4.1 地质勘查单位应根据本单位实际、应急救援特点和实际需要,配备应急设备设施与物资。

5.11.4.2 在固定作业现场的显著位置,应张贴应急疏散提示和紧急联系方式。

5.11.4.3 定期对应急设备设施进行检查、维护,建立记录档案并保存,以确保应急设备设施始终处于正常运行状态。

5.11.5 应急演练与评审改进

5.11.5.1 地质勘查单位应结合实际定期开展各类应急演练,并对演练结果进行评价,根据应急演练评价结果及时修订和完善应急预案。

5.11.5.2 修订后的应急预案应及时进行发布与培训。

5.11.5.3 应急演练应事先编制演练方案,并保存演练记录。
5.11.6 事故救援
5.11.6.1 地质勘查单位应按照事故级别启动应急响应程序。
5.11.6.2 当事故发生时,应保障应急通讯畅通、响应快速。

5.12 事故报告、调查与处理

5.12.1 事故报告
5.12.1.1 地质勘查单位应建立事故报告制度,并有效执行。
5.12.1.2 当事故发生时应按规定及时报告,对报告的事故进行登记建档并保存。
5.12.2 事故调查与处理
5.12.2.1 事故发生后,应按相关规定成立事故调查组,及时对事故进行调查,形成调查报告。
5.12.2.2 事故处理应严格按照"四不放过"的原则进行。
5.12.2.3 按规定建立生产安全事故档案并保存。
5.12.3 事故回顾
5.12.3.1 地质勘查单位应将事故回顾作为本单位安全教育培训和安全活动的重要内容。
5.12.3.2 通过回顾吸取事故教训,警示教育从业人员,有效预防事故的重复发生。

5.13 绩效评价与持续改进

5.13.1 绩效评价
5.13.1.1 地质勘查单位应建立安全生产标准化绩效评价管理制度,并有效执行。
5.13.1.2 地质勘查单位主要负责人应组织年度安全生产标准化运行绩效评价活动,组成绩效评价领导小组,明确参评人员的任务与要求。
5.13.1.3 参与绩效评价对象是:
——地质勘查单位;
——所属二级单位或项目部。
5.13.1.4 绩效评价的方法和程序应符合下列要求:
——年度作为评价周期;
——自下而上逐级评价;
——按照安全生产标准化规范逐项进行评价;
——绩效评价结论形成评价报告;
——年度绩效评价报告经公示后呈报上级管理部门。
5.13.1.5 安全生产标准化绩效评价结果应符合下列要求:
——遵循"实事求是"的原则;
——评价内容应全面、准确、依据充分;
——肯定成绩,发现亮点;
——查找不符合项并分析原因;
——提出整改措施,列出整改计划;
——文字表述简明扼要,评价报告图文并茂。

5.13.2 持续改进

5.13.2.1 地质勘查单位应建立持续改进管理制度,并有效执行。

5.13.2.2 地质勘查单位应以绩效评价报告为依据,对不符合项进行整改。

5.13.2.3 整改过程应符合下列要求:

——明确整改责任人;

——限期改进;

——呈报整改验收报告。

5.13.2.4 通过持续改进,逐步提高地质勘查单位安全生产标准化体系的运行绩效。

附录2　地勘单位安全标准化创建施工作业现场标准化图集（岩心钻探部分）

2018 年 8 月

目　录

一、个体防护
　（一）安全帽
　（二）工作服
二、接地极及接地要求
三、避雷针
　（一）设计图
　（二）实景图
四、绷绳安装标准
　（一）设计图
　（二）实景图
五、泥浆池循环系统及围挡要求
六、分区牌
七、管材架
八、工具箱、工具架
　（一）工具箱
　（二）工具架
九、现场制度（警示）标牌
　（一）框架
　（二）底座
　（三）平面效果图
　（四）实物照片
十、临时用电
　（一）配电箱、开关箱配置
　（二）照明开关箱
　（三）动力开关箱
　（四）二级配电柜
　（五）线路连接、现场照明及临时用电线路架设
　（六）坑道内临时用电线路连接
　（七）发电机房
十一、地板与踏板
十二、材料房
十三、现场平面布置图
十四、项目部安全职责上墙标牌
十五、钻塔工作台、活动工作台说明
十六、井下硐室防护
十七、井下气体检测仪、压缩氧自救器

一、个体防护

（一）安全帽

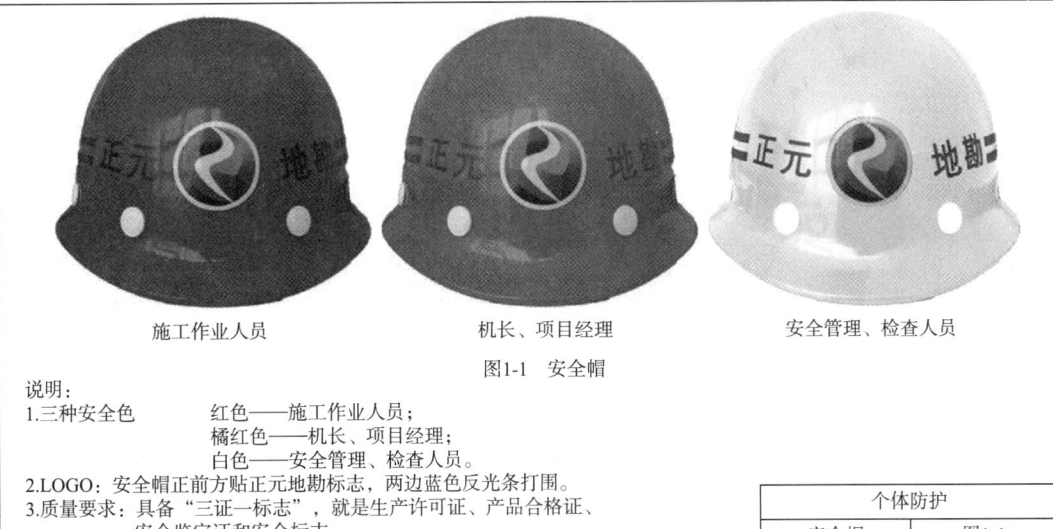

施工作业人员　　　　　机长、项目经理　　　　安全管理、检查人员

图1-1　安全帽

说明：
1. 三种安全色　　　红色——施工作业人员；
　　　　　　　　　橘红色——机长、项目经理；
　　　　　　　　　白色——安全管理、检查人员。
2. LOGO：安全帽正前方贴正元地勘标志，两边蓝色反光条打围。
3. 质量要求：具备"三证一标志"，就是生产许可证、产品合格证、安全鉴定证和安全标志。

个体防护	
安全帽	图1-1

（二）工作服

正面

 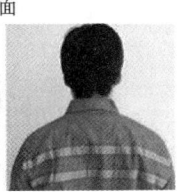

侧面　　　　　背面

图1-2　施工作业人员春秋工作服

图1-3　管理、技术人员春秋工作服

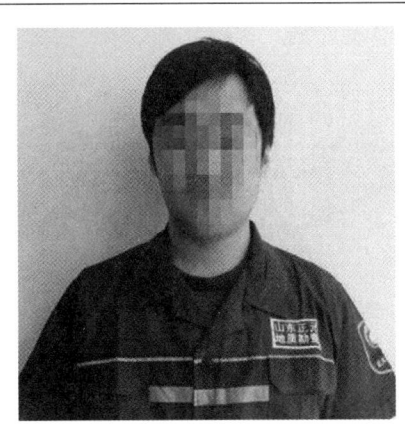

图1-4　夏季工作服

说明：
颜色要求：春秋装：橘红和青灰两款，现场工作人员为橘红色，管理、技术人员为青灰色；夏装：蓝色。
材质要求：透气性好，吸汗，棉制品。
企业标志：左臂佩正元地勘标志；左前胸线绣正元地勘字样。
反光条：胸前镶嵌两道浅灰色反光条，反光条宽度分别为6 mm、20 mm。
　　　　后背部镶嵌两条宽度为20 mm的浅灰色反光条。

个体防护	
工作服	图1-2—图1-4

二、接地极及接地要求

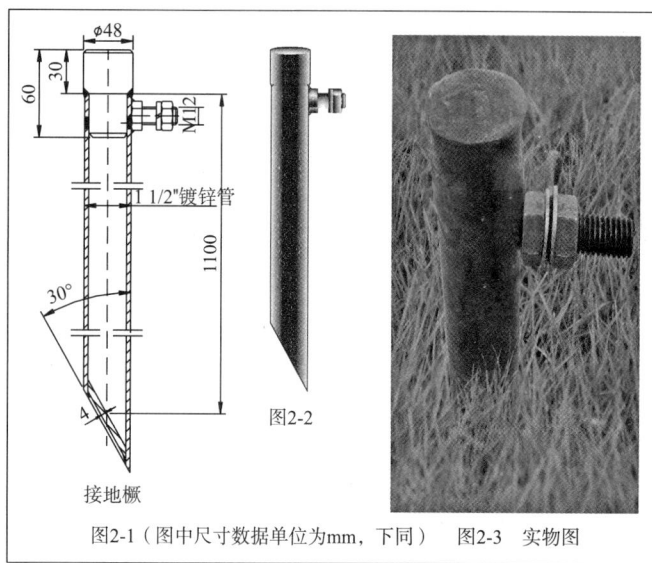

说明：
1. 制作方法和材质要求：
   为直径 $1\frac{1}{2}''$ 镀锌管或 50 mm×50 mm×5 mm 热轧等边角钢，顶部焊接防砸帽，有效长度为 1000 mm，上部焊接接地线连接螺栓。
2. 接地要求：
   用电设备及保护接地电阻不得大于 10 Ω，中性点接地电阻不得大于 4 Ω，避雷针接地电阻不得大于 15 Ω。
3. 连接方式：
   连接线不得使用独股线，连接处必须焊接或螺栓压接。

接地极	
接地极	图2-1—图2-3

图2-1（图中尺寸数据单位为mm，下同）　图2-3　实物图
图2-2

三、避雷针

(一)设计图

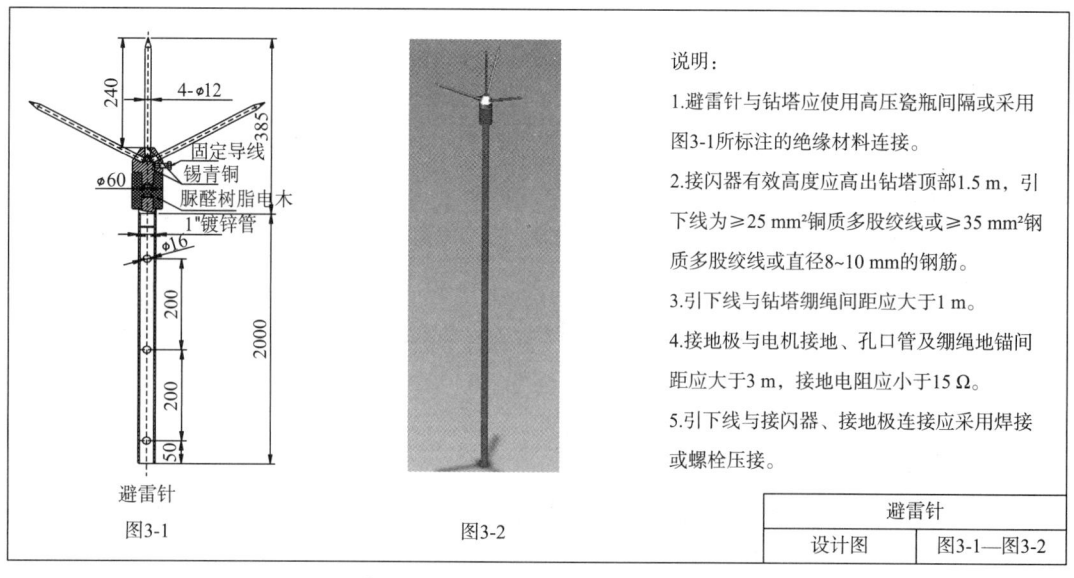

说明：
1. 避雷针与钻塔应使用高压瓷瓶间隔或采用图3-1所标注的绝缘材料连接。
2. 接闪器有效高度应高出钻塔顶部1.5 m，引下线为≥25 mm² 铜质多股绞线或≥35 mm² 钢质多股绞线或直径8~10 mm 的钢筋。
3. 引下线与钻塔绷绳间距应大于1 m。
4. 接地极与电机接地、孔口管及绷绳地锚间距应大于3 m，接地电阻应小于15 Ω。
5. 引下线与接闪器、接地极连接应采用焊接或螺栓压接。

避雷针	
设计图	图3-1—图3-2

图3-1　　图3-2

(二)实景图

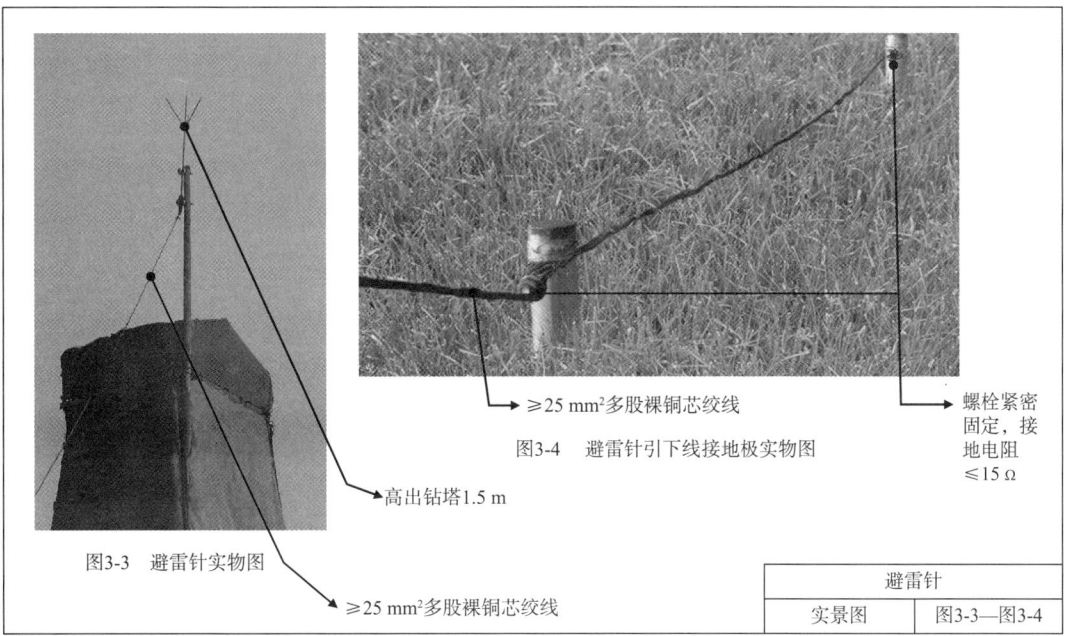

图3-3 避雷针实物图
图3-4 避雷针引下线接地极实物图
高出钻塔1.5 m
≥25 mm²多股裸铜芯绞线
≥25 mm²多股裸铜芯绞线
螺栓紧密固定,接地电阻≤15 Ω

避雷针	
实景图	图3-3—图3-4

四、绷绳安装标准

(一)设计图

说明:绷绳直径不得小于12.5 mm,18 m以下钻塔对称设4根绷绳,18 m以上分层设置8根绷绳,绷绳安装应对称,与地面夹角不得大于45°,上部、下部必须用不少于3个钢丝绳卡(滑鞍U型螺丝)固定,滑鞍面必须扣绷绳长端(受力端),且方向一致,钢丝绳末端距滑鞍螺丝不得少于140 mm,埋设地锚或用绷绳桩拉紧,地锚或绷绳桩深度不得小于1 m,且应与地面成不大于45°夹角(如图4-4所示)。

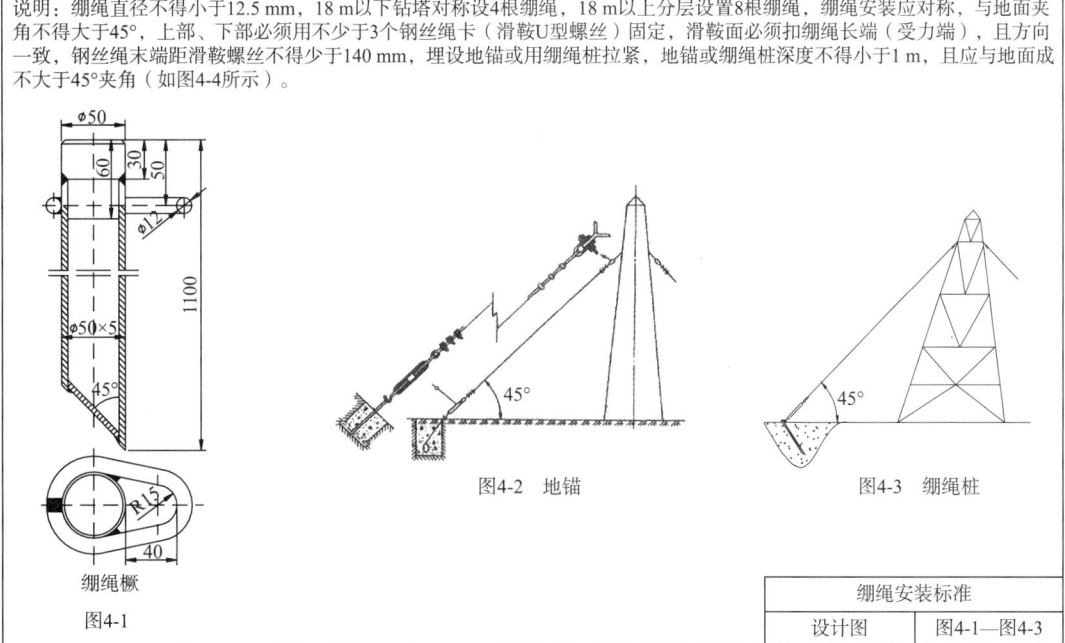

图4-1 绷绳槲
图4-2 地锚
图4-3 绷绳桩

绷绳安装标准	
设计图	图4-1—图4-3

(二)实景图

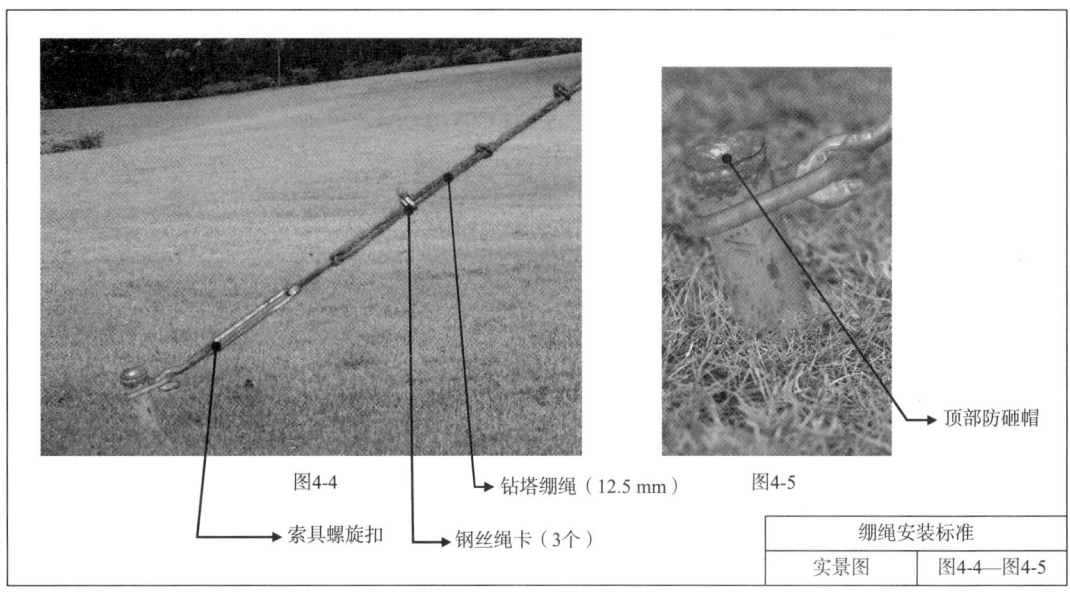

绷绳安装标准	
实景图	图4-4—图4-5

五、泥浆池循环系统及围挡要求

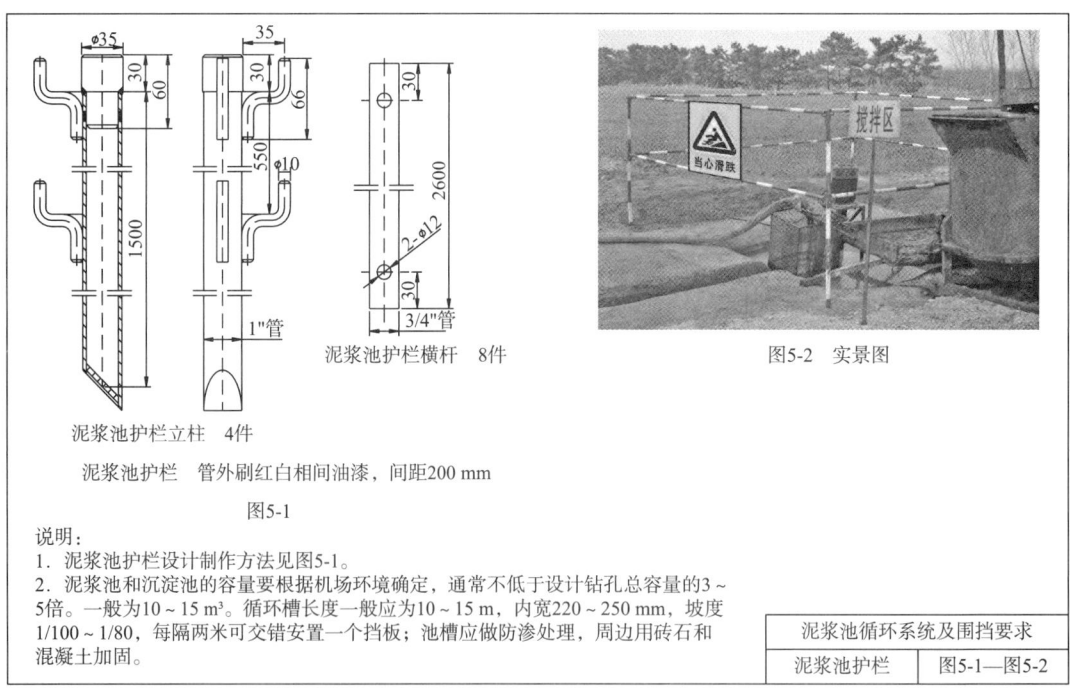

说明:
1. 泥浆池护栏设计制作方法见图5-1。
2. 泥浆池和沉淀池的容量要根据机场环境确定,通常不低于设计钻孔总容量的3~5倍。一般为10~15 m³。循环槽长度一般应为10~15 m,内宽220~250 mm,坡度1/100~1/80,每隔两米可交错安置一个挡板;池槽应做防渗处理,周边用砖石和混凝土加固。

泥浆池循环系统及围挡要求	
泥浆池护栏	图5-1—图5-2

六、分区牌

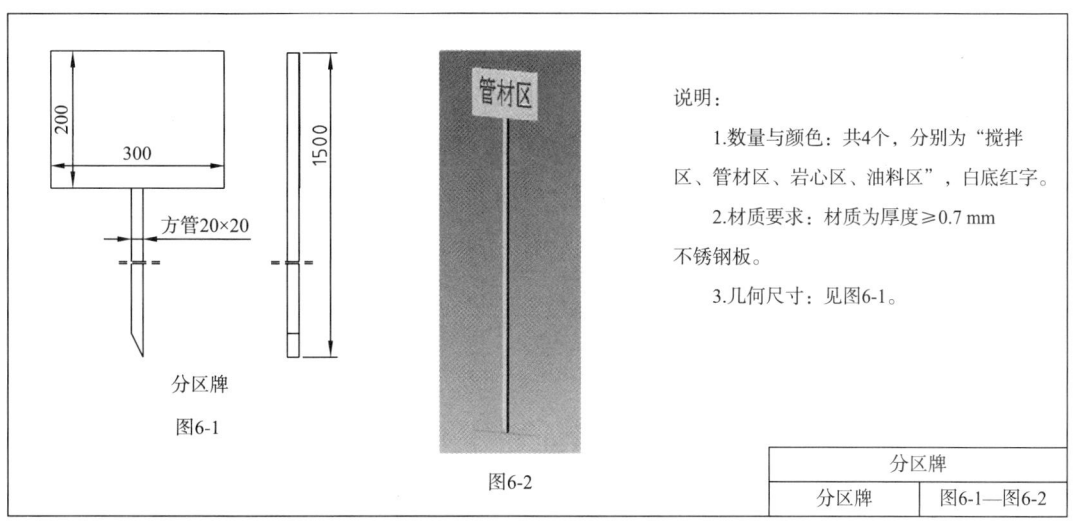

图6-1　分区牌

图6-2

说明：
1. 数量与颜色：共4个，分别为"搅拌区、管材区、岩心区、油料区"，白底红字。
2. 材质要求：材质为厚度≥0.7 mm 不锈钢板。
3. 几何尺寸：见图6-1。

分区牌	
分区牌	图6-1—图6-2

七、管材架

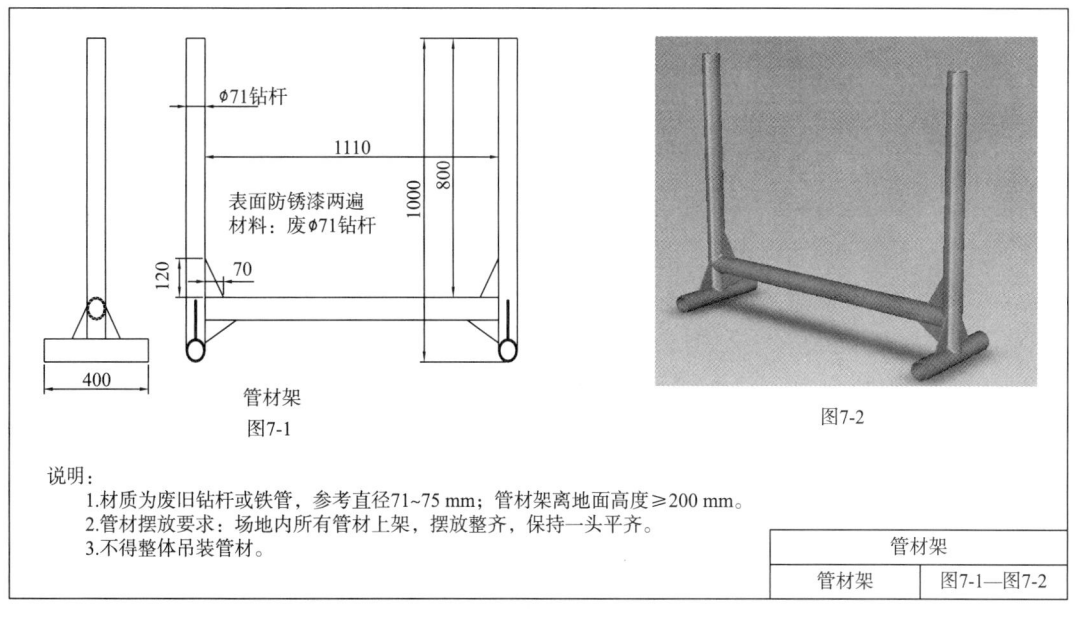

图7-1　管材架

图7-2

说明：
1. 材质为废旧钻杆或铁管，参考直径71~75 mm；管材架离地面高度≥200 mm。
2. 管材摆放要求：场地内所有管材上架，摆放整齐，保持一头平齐。
3. 不得整体吊装管材。

管材架	
管材架	图7-1—图7-2

八、工具箱、工具架

(一)工具箱

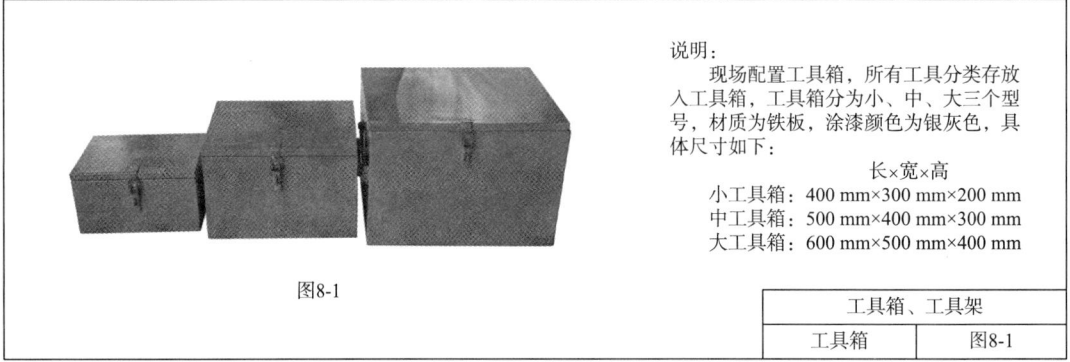

说明:
　　现场配置工具箱,所有工具分类存放入工具箱,工具箱分为小、中、大三个型号,材质为铁板,涂漆颜色为银灰色,具体尺寸如下:
　　　　　　　　长×宽×高
小工具箱: 400 mm×300 mm×200 mm
中工具箱: 500 mm×400 mm×300 mm
大工具箱: 600 mm×500 mm×400 mm

图8-1

工具箱、工具架	
工具箱	图8-1

(二)工具架

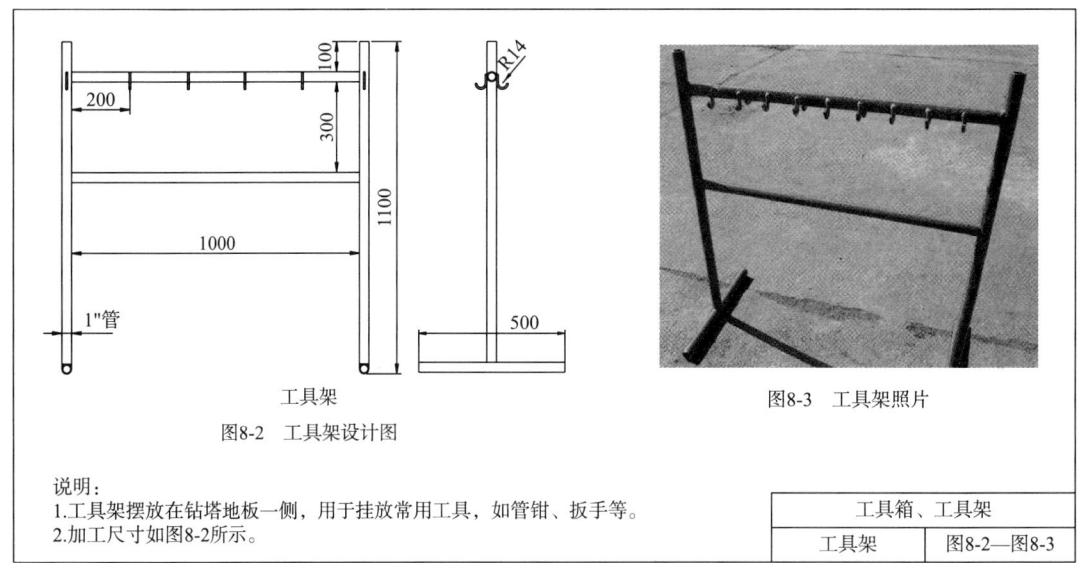

图8-2　工具架设计图

图8-3　工具架照片

说明:
1.工具架摆放在钻塔地板一侧,用于挂放常用工具,如管钳、扳手等。
2.加工尺寸如图8-2所示。

工具箱、工具架	
工具架	图8-2—图8-3

九、现场制度(警示)标牌

(一)框架

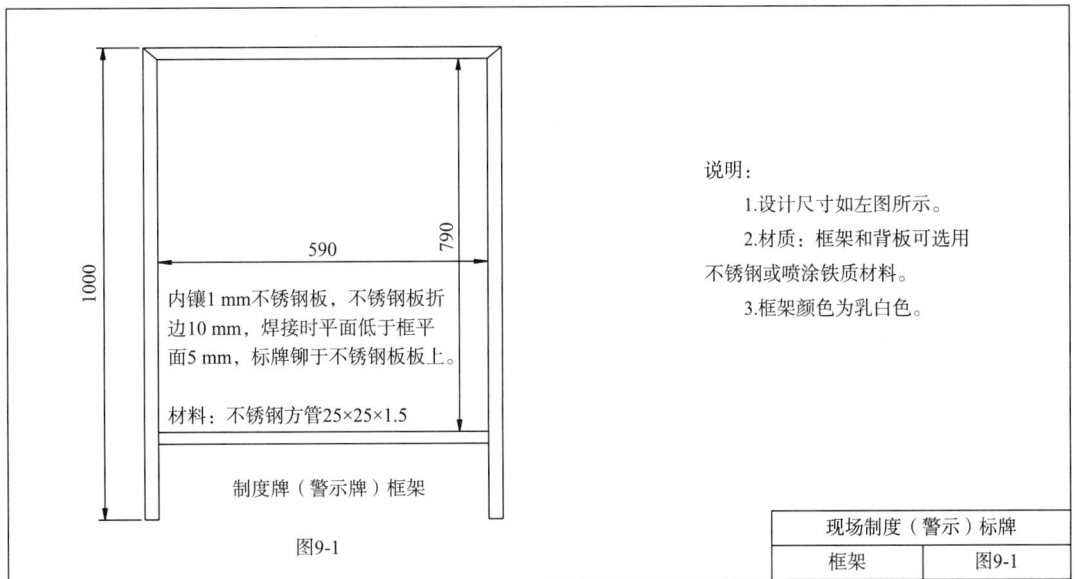

图9-1

现场制度(警示)标牌	
框架	图9-1

说明：
1. 设计尺寸如左图所示。
2. 材质：框架和背板可选用不锈钢或喷涂铁质材料。
3. 框架颜色为乳白色。

(二)底座

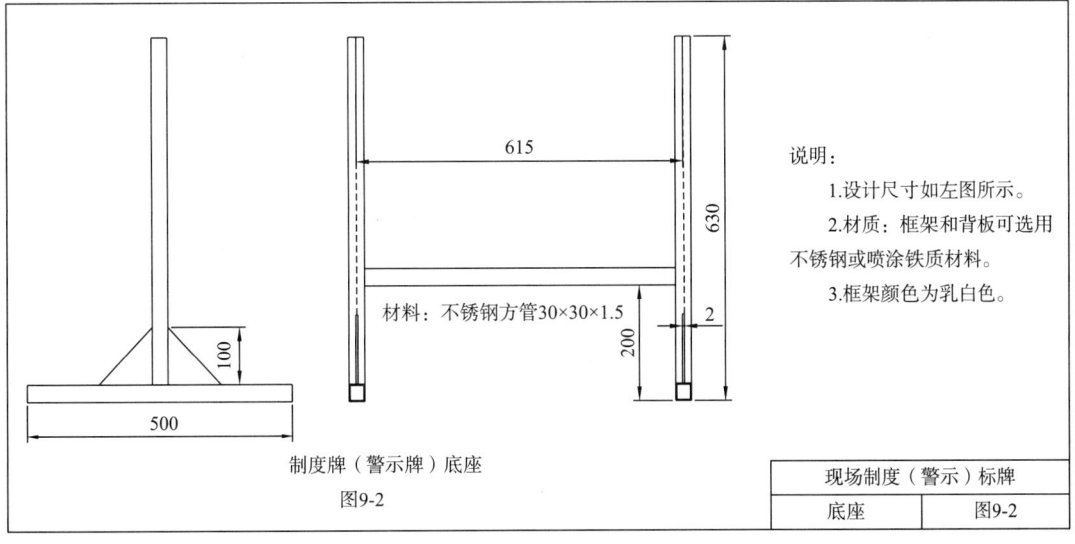

图9-2

现场制度(警示)标牌	
底座	图9-2

说明：
1. 设计尺寸如左图所示。
2. 材质：框架和背板可选用不锈钢或喷涂铁质材料。
3. 框架颜色为乳白色。

（三）平面效果图

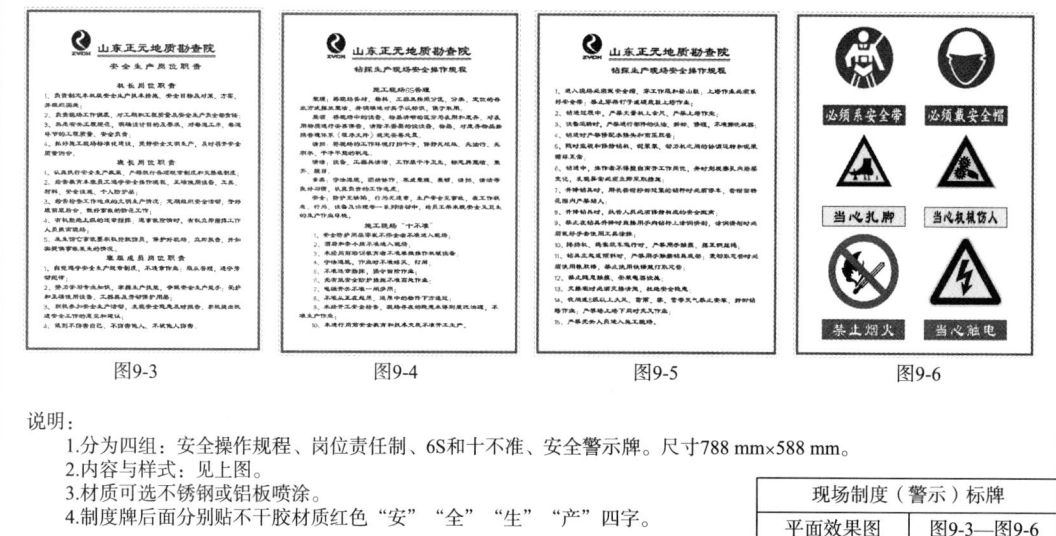

图9-3　　　　　图9-4　　　　　图9-5　　　　　图9-6

说明：
1. 分为四组：安全操作规程、岗位责任制、6S和十不准、安全警示牌。尺寸788 mm×588 mm。
2. 内容与样式：见上图。
3. 材质可选不锈钢或铝板喷涂。
4. 制度牌后面分别贴不干胶材质红色"安""全""生""产"四字。

现场制度（警示）标牌	
平面效果图	图9-3—图9-6

（四）实物照片

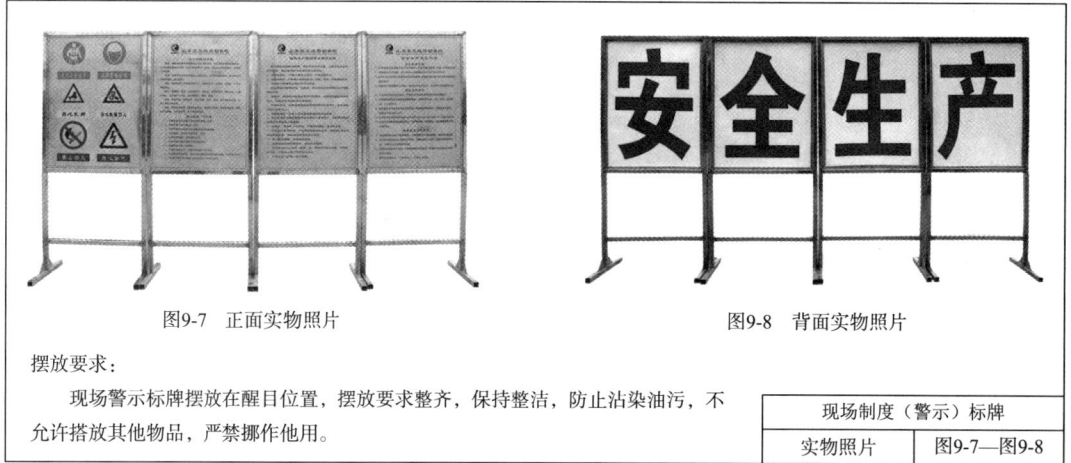

图9-7　正面实物照片　　　　　图9-8　背面实物照片

摆放要求：
　　现场警示标牌摆放在醒目位置，摆放要求整齐，保持整洁，防止沾染油污，不允许搭放其他物品，严禁挪作他用。

现场制度（警示）标牌	
实物照片	图9-7—图9-8

十、临时用电

(一)配电柜、开关箱配置

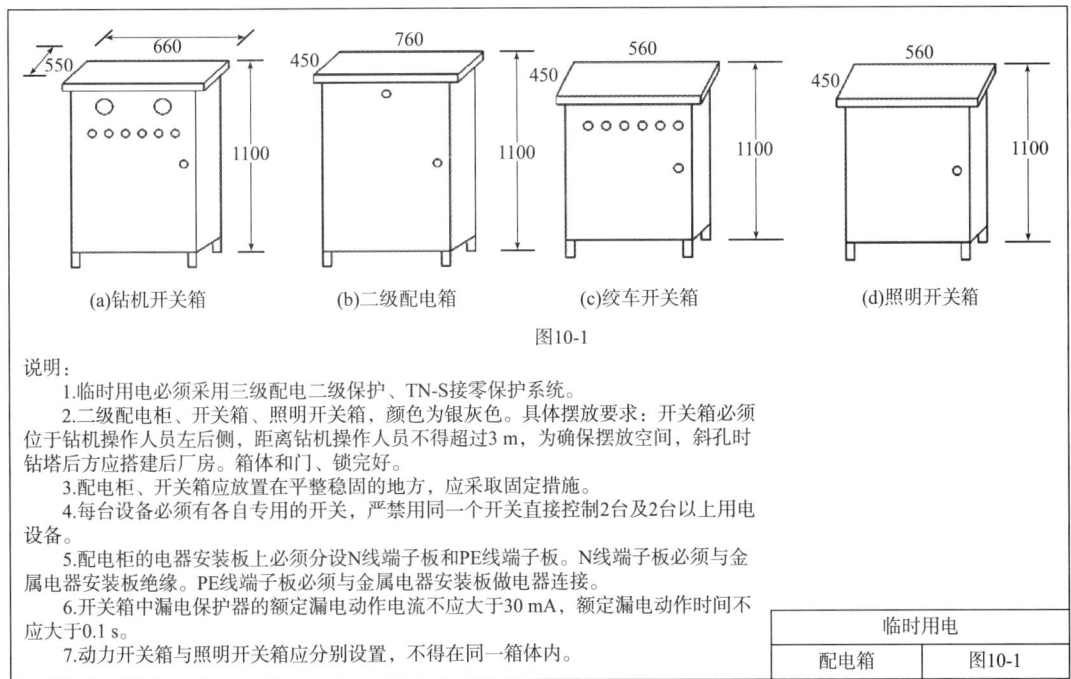

图10-1

说明:
1. 临时用电必须采用三级配电二级保护、TN-S接零保护系统。
2. 二级配电柜、开关箱、照明开关箱,颜色为银灰色。具体摆放要求:开关箱必须位于钻机操作人员左后侧,距离钻机操作人员不得超过3 m,为确保摆放空间,斜孔时钻塔后方应搭建后厂房。箱体和门、锁完好。
3. 配电柜、开关箱应放置在平整稳固的地方,应采取固定措施。
4. 每台设备必须有各自专用的开关,严禁用同一个开关直接控制2台及2台以上用电设备。
5. 配电柜的电器安装板上必须分设N线端子板和PE线端子板。N线端子板必须与金属电器安装板绝缘。PE线端子板必须与金属电器安装板做电器连接。
6. 开关箱中漏电保护器的额定漏电动作电流不应大于30 mA,额定漏电动作时间不应大于0.1 s。
7. 动力开关箱与照明开关箱应分别设置,不得在同一箱体内。

临时用电	
配电箱	图10-1

(二)照明开关箱(此箱照明专用)

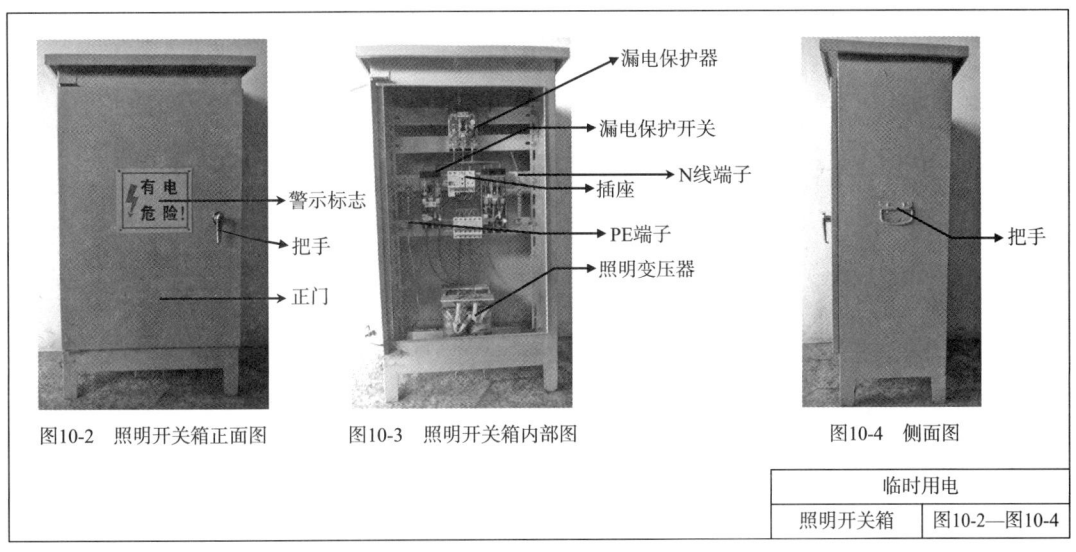

图10-2 照明开关箱正面图　　图10-3 照明开关箱内部图　　图10-4 侧面图

临时用电	
照明开关箱	图10-2—图10-4

(三)动力开关箱

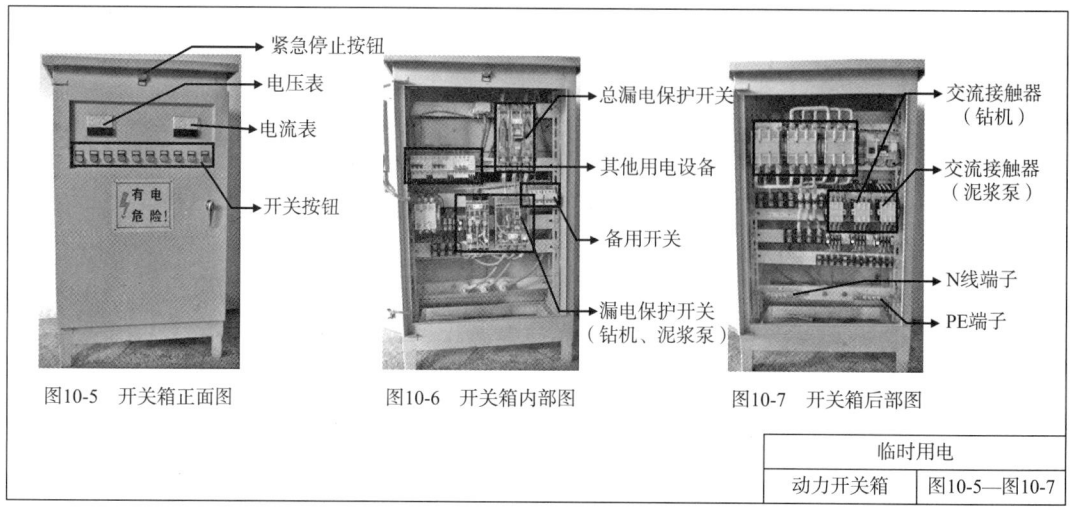

图10-5 开关箱正面图　　图10-6 开关箱内部图　　图10-7 开关箱后部图

临时用电	
动力开关箱	图10-5—图10-7

(四)二级配电柜

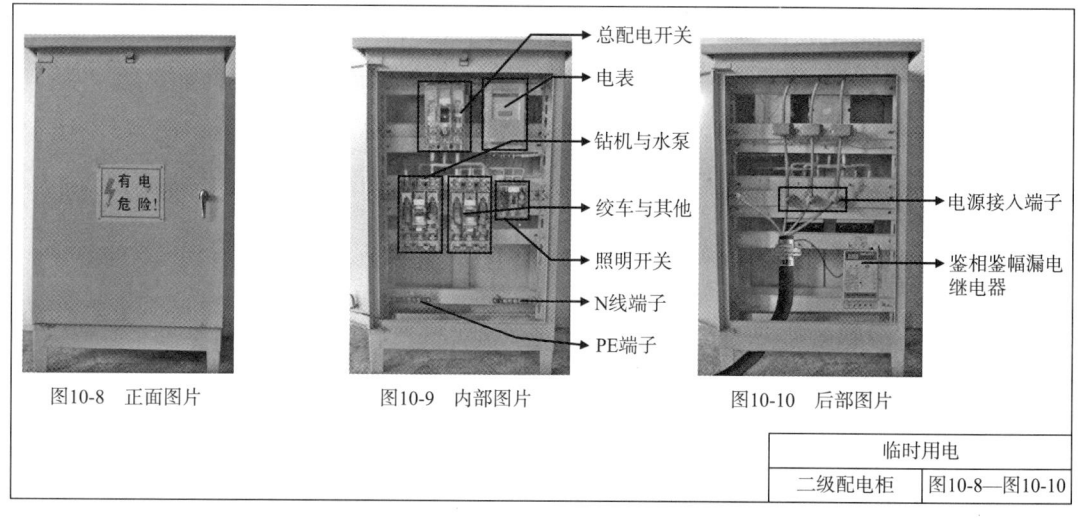

图10-8 正面图片　　图10-9 内部图片　　图10-10 后部图片

临时用电	
二级配电柜	图10-8—图10-10

(五)线路连接、现场照明及临时用电线路架设

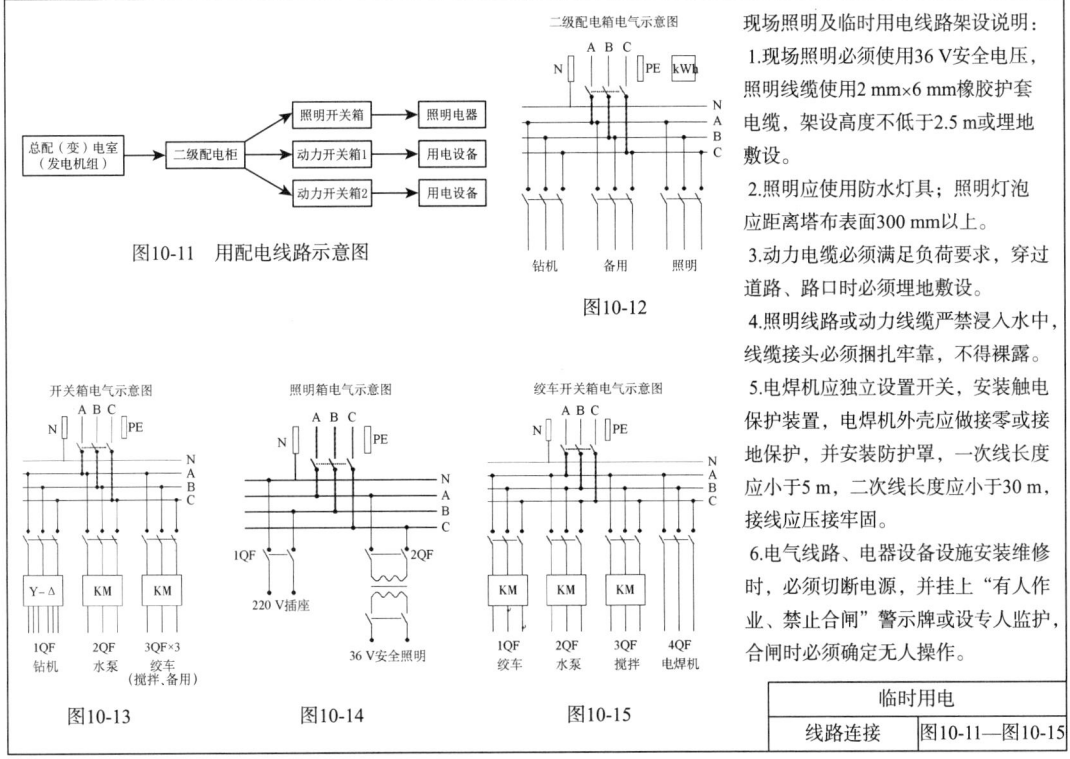

现场照明及临时用电线路架设说明：
1. 现场照明必须使用36 V安全电压，照明线缆使用2 mm×6 mm橡胶护套电缆，架设高度不低于2.5 m或埋地敷设。
2. 照明应使用防水灯具；照明灯泡应距离塔布表面300 mm以上。
3. 动力电缆必须满足负荷要求，穿过道路、路口时必须埋地敷设。
4. 照明线路或动力线缆严禁浸入水中，线缆接头必须捆扎牢靠，不得裸露。
5. 电焊机应独立设置开关，安装触电保护装置，电焊机外壳应做接零或接地保护，并安装防护罩，一次线长度应小于5 m，二次线长度应小于30 m，接线应压接牢固。
6. 电气线路、电器设备设施安装维修时，必须切断电源，并挂上"有人作业、禁止合闸"警示牌或设专人监护，合闸时必须确定无人操作。

临时用电	
线路连接	图10-11—图10-15

(六)坑道内临时用电线路连接

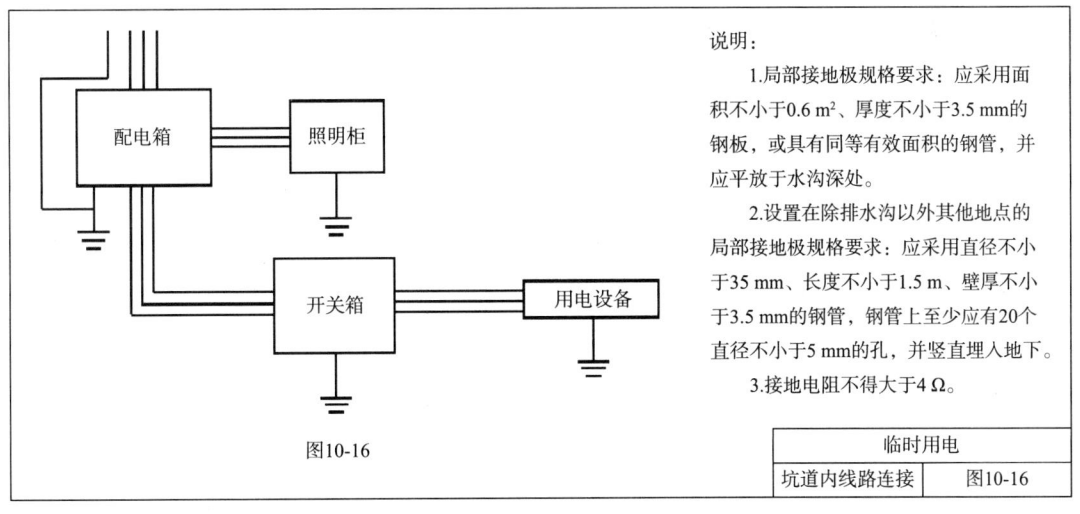

图10-16

说明：
1. 局部接地极规格要求：应采用面积不小于0.6 m²、厚度不小于3.5 mm的钢板，或具有同等有效面积的钢管，并应平放于水沟深处。
2. 设置在除排水沟以外其他地点的局部接地极规格要求：应采用直径不小于35 mm，长度不小于1.5 m，壁厚不小于3.5 mm的钢管，钢管上至少应有20个直径不小于5 mm的孔，并竖直埋入地下。
3. 接地电阻不得大于4 Ω。

临时用电	
坑道内线路连接	图10-16

(七)发电机房

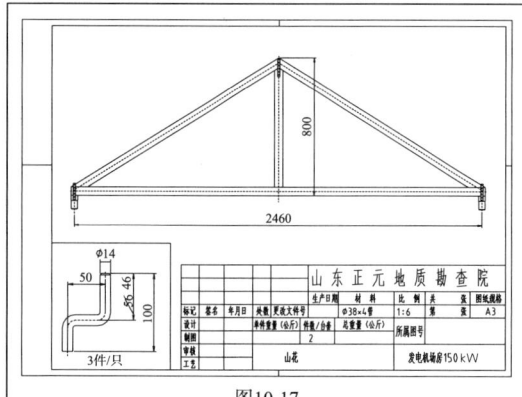

图10-17

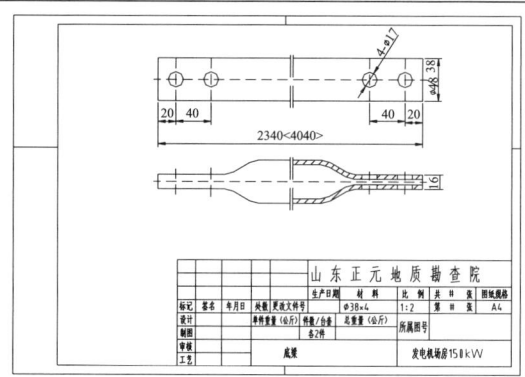

图10-18

说明:
1. 发电机要安装在平整、坚实的干燥处,避开主要通道、明火或可能水淹的洼地。
2. 发电机要安装牢固,机身保持水平。
3. 发电机接地电阻值不得大于4Ω。
4. 发电机组需设置防御性能良好的机房,发电机房的具体制作可参考图示。
5. 发电机房内要配备足够的灭火器材。
6. 除在用的桶装燃油外,严禁在机房内存放燃油及其他易燃易爆物品。

发电机	
发电机房	图10-17—图10-18

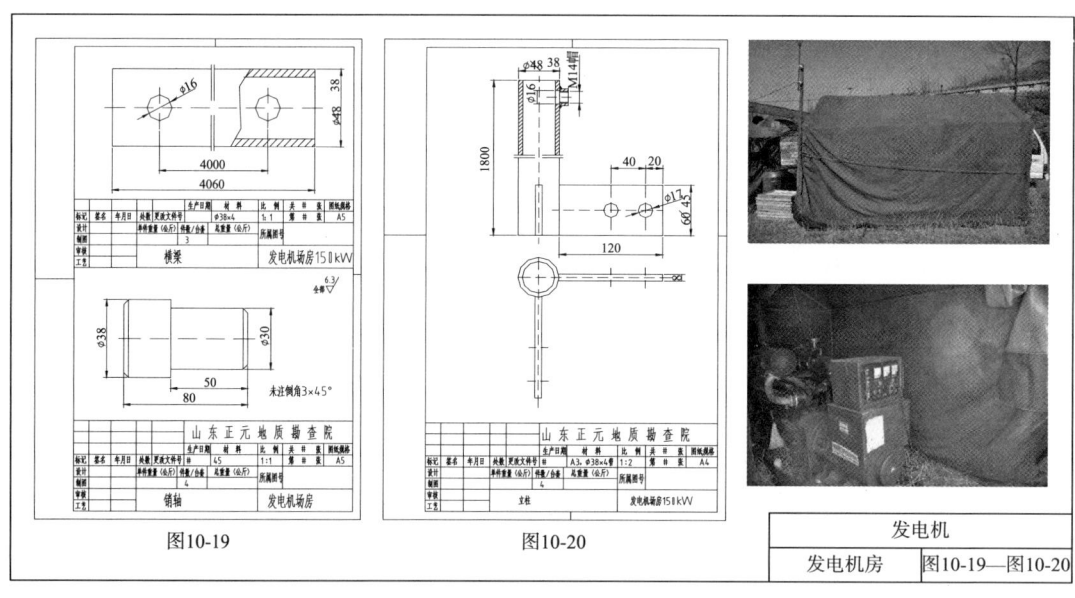

图10-19　　图10-20

发电机	
发电机房	图10-19—图10-20

十一、地板与踏板

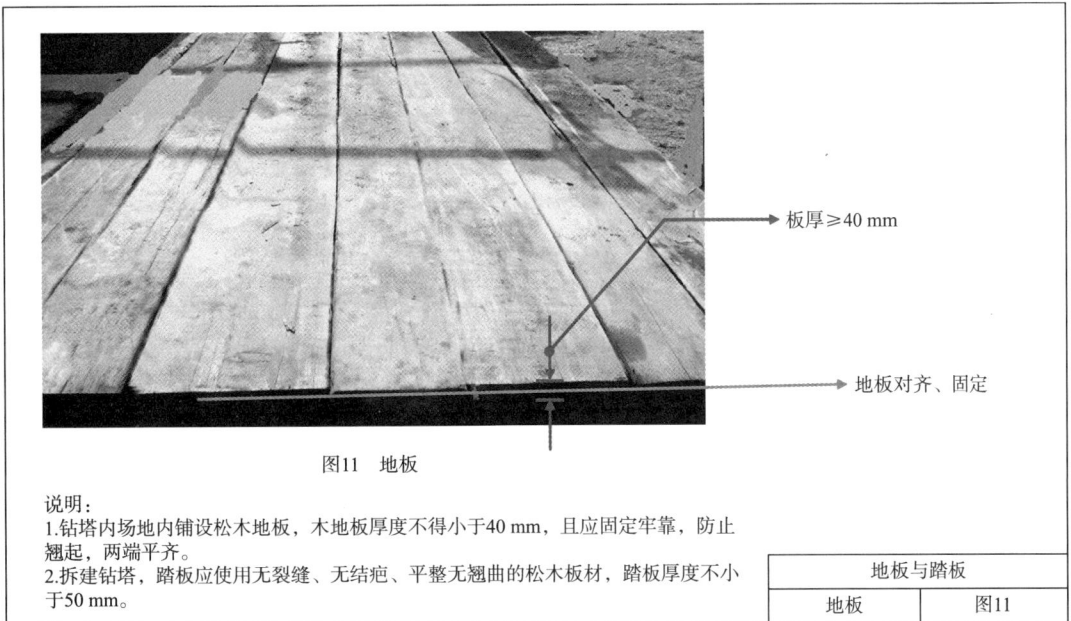

图11 地板

说明：
1.钻塔内场地内铺设松木地板，木地板厚度不得小于40 mm，且应固定牢靠，防止翘起，两端平齐。
2.拆建钻塔，踏板应使用无裂缝、无结疤、平整无翘曲的松木板材，踏板厚度不小于50 mm。

地板与踏板	
地板	图11

十二、材料房

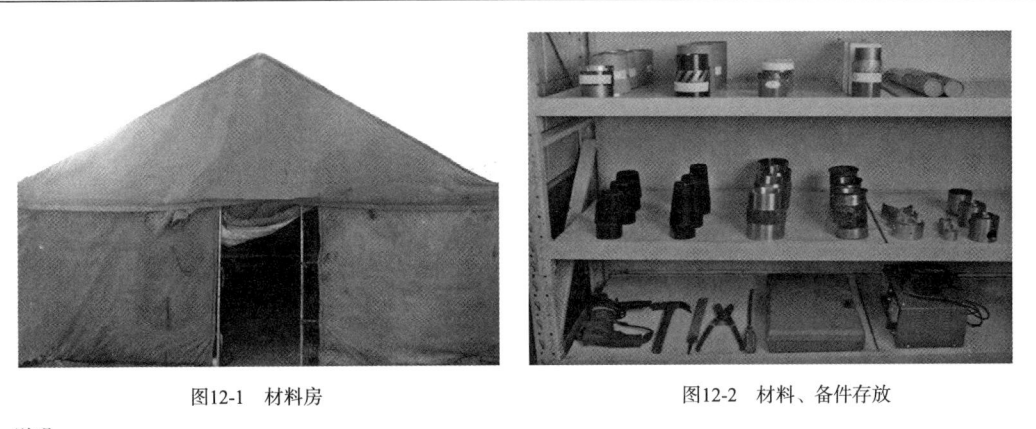

图12-1 材料房　　　　图12-2 材料、备件存放

说明：
1.可根据现场情况搭建材料房，内设货架，材料房四周应加固。
2.小工具、备件、钻头等材料上架或用工具箱分类存放，并码放整齐。
3.材料房内禁止存放易燃、易爆物品，严禁吸烟。
4.内部照明必须使用36 V安全电压。

材料房	
材料房	图12-1—图12-2

十三、现场平面布置图

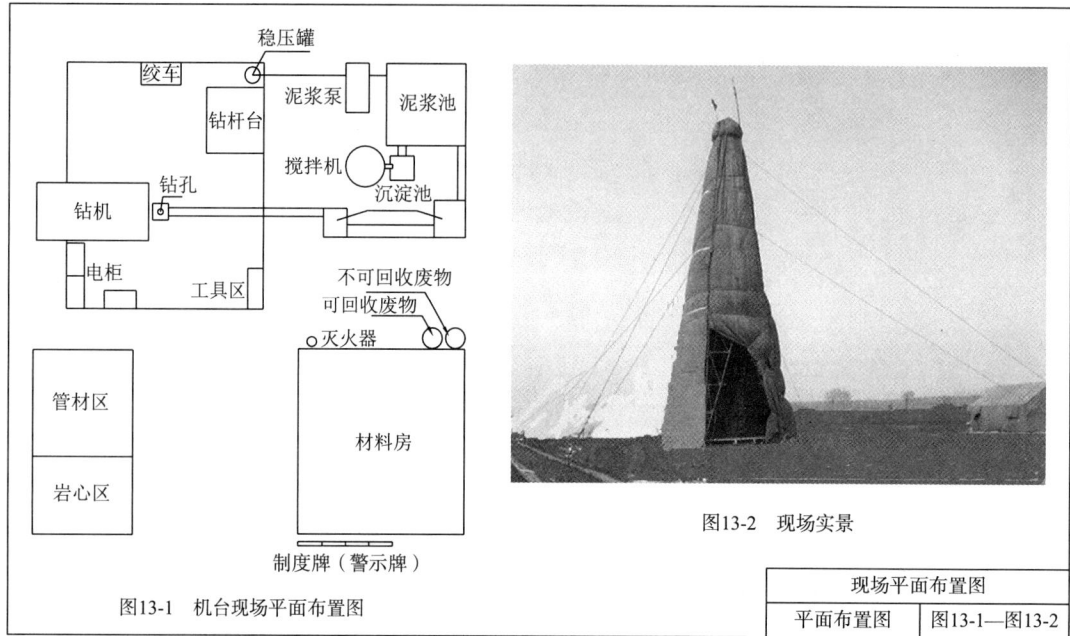

图13-1 机台现场平面布置图

图13-2 现场实景

现场平面布置图	
平面布置图	图13-1—图13-2

十四、项目部安全职责上墙标牌

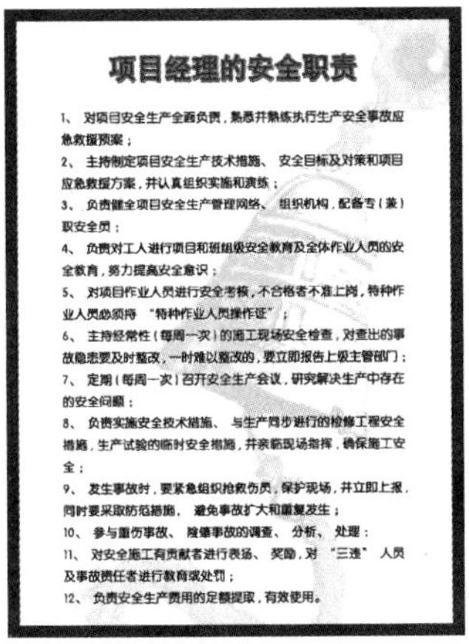

图14-1 项目经理的安全职责

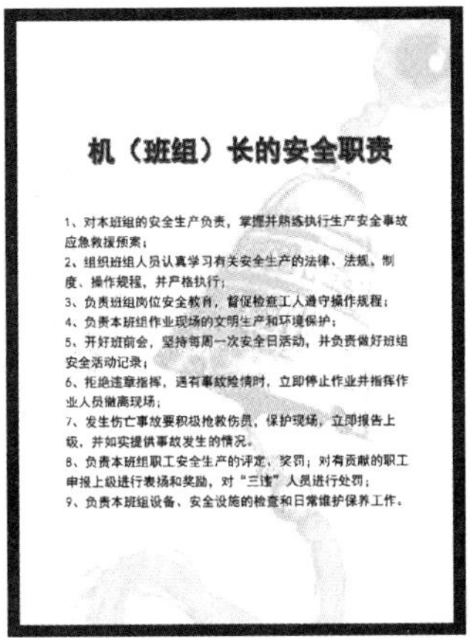

图14-2 机(班组)长的安全职责

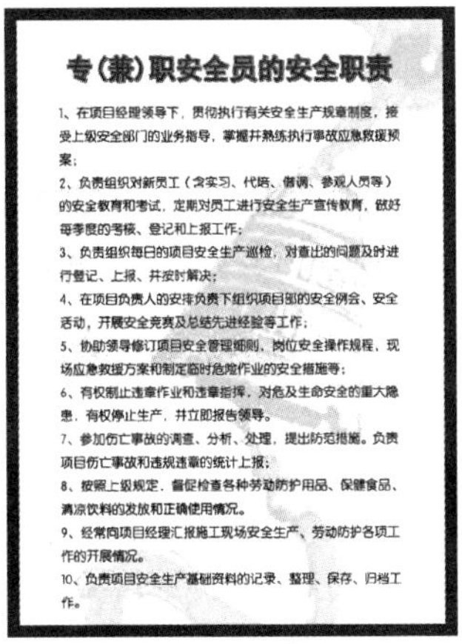

图14-3 专(兼)职安全员的安全职责

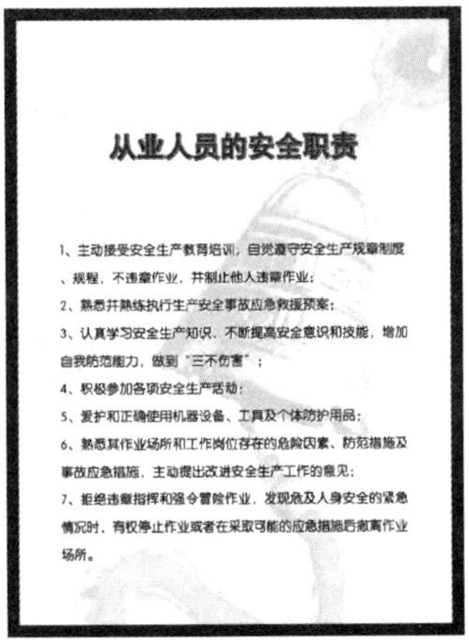

图14-4 从业人员的安全职责

图14-5 安全生产确保目标

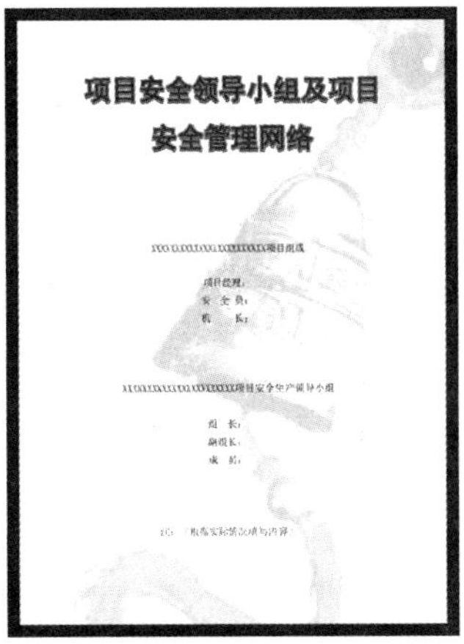

图14-6 项目安全领导小组及项目安全管理网络

说明:
1.共6个:项目经理的安全职责、机(班组)长的安全职责、专(兼)职安全员的安全职责、从业人员的安全职责、安全生产确保目标、项目安全领导小组及项目安全管理网络。
2.材质与尺寸:25 mm暗红色木质边框,总尺寸415 mm×575 mm(不带框390 mm×550 mm)。
3.整齐悬挂在项目部醒目位置。

项目部安全职责上墙标牌	
标牌	图14-1—图14-6

十五、钻塔工作台、活动工作台说明

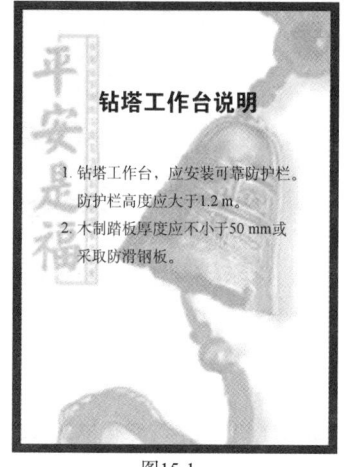

图15-1　　　　　图15-2

钻塔工作台说明：
1. 钻塔工作台，应安装可靠防护栏。防护栏高度应大于1.2 m。
2. 木制踏板厚度应不小于50 mm或采取防滑钢板。

活动工作台说明：
1. 有灵活可靠的制动、防坠、防窜、行程限制、安全挂钩、手动定位器等安全装置。
2. 工作台底盘、立柱、栏杆成整体。
3. 工作台配置φ30 mm以上麻绳做手拉绳。
4. 使用提引绳，重锤导向绳应采用φ9 mm以上的钢丝绳。
5. 工作台平衡重锤与地面的距离不得小于2.5 m。
6. 活动工作台每次只准一人乘坐，严禁升降机提拉活动工作台。

活动工作台说明	
标牌	图15-1—图15-2

十六、井下硐室防护

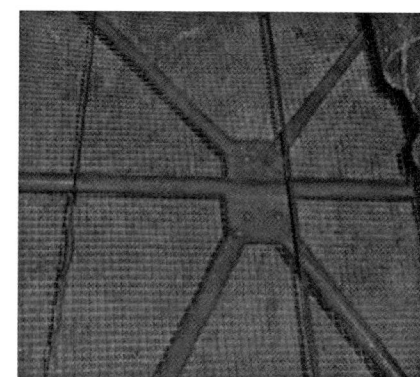

图16-1　　　　　图16-2

安装说明：
1. 硐室防护可沿硐室周围岩壁依次安装，也可在钻塔外侧安装塔衣位置依次安装。
2. 防护范围必须覆盖钻塔底平面或者所有现场操作人员的操作位置。
3. 防护网材质可选用钢板网或钢编网；钢丝直径不小于2 mm，网孔不大于20目。
4. 防护网的安装应与硐室或者钻塔牢固连接。

井下硐室防护	
实景图	图16-1—图16-2

十七、井下气体检测仪、压缩氧自救器

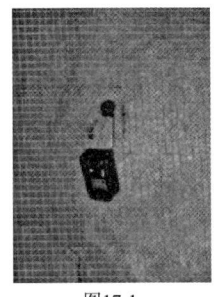

图17-1

井下气体检测仪安装说明：
1.井下有害气体检测仪应安装在醒目位置，便于观测、记录数据。
2.井下有害气体检测仪应按规定检定周期检测，确保性能完好，检测数据准确。
3.井下有害气体检测仪应根据井下有害气体的实际情况确定型号、规格。

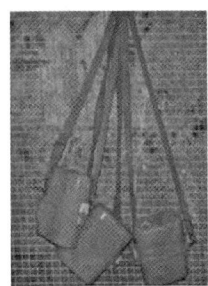

图17-2

压缩氧自救器安装说明：
1.应经常检查自救器，一般每隔一季度要检查氧气瓶压力、正负压气密、排气压力、定量供氧等5项指标，发现气瓶压力下降立即充填氧气（用于充填自救器的氧气应符合GB 8982—1998标准的规定），发现达到不到规定指标要进行调整和修理。
2.在使用本仪器前，认真阅读说明书，经过专业培训，熟练掌握使用操作过程，以便在使用时能迅速、准确地完成佩戴操作，起到安全保护作用。
3.在使用过程中要养成经常观察压力表的习惯，以掌握耗氧情况及撤离灾区的时间，每次使用后应对气囊、口具进行清洗、消毒和干燥处理。
4.该仪器应放置在无雨雪侵入，空气流通，无有害物质及油类物质的干燥、清洁仓库中，贮存温度为-20~+40℃。

井下气体检测仪、压缩氧自救器	
实景图	图17-1—图17-2